마음의 서술어

서현범 시집

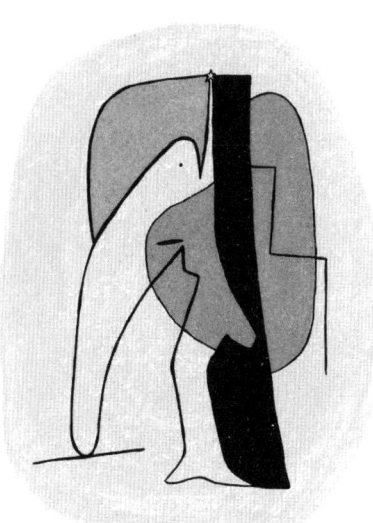

시인의 말

 한때는 내가 달필이 아닐까 하고 생각한 적이 있었는데 이제는 내가 달필이 아닌 걸 알게 됐다.

 내 평생에 탐독한 두 명의 시인이 있는데 어떤 교수님은 내 시를 읽고선 그중 한 시인과 닮았다고 하셨다. 어떤 친구는 내 시를 듣고선 목조가옥 같다고 했다. 그리고 이는 적산가옥(敵産家屋) 같다는 다른 한 시인의 평과 일면 맞닿아있다.

 어떤 친구는 내 시가 생각 없이 읽기 좋다고 했고, 어떤 친구는 생각 없이 읽기엔 너무 어렵다 했다. 또 어떤 친구는 화장실에서 볼일 보는 새 다 읽었다 했고 또 어떤 친구는 두 번, 세 번 읽게 된다 했다. 또 또 어떤 친구는 말을 삼갔다. 어떤 시인은 너무 좋다 했고 어떤 시인은 말을 아꼈다. 또 어떤 시인은 잔을 비우며 "우린 안 될 거야"라고 했고 나는 격하게 고개를 끄덕였다. 그래 난 안 될 거야.

아직 오지 않은 날을 그리워하며 지새우는 밤들.
혹시나 안 올지 모른다는 불안함을 삼키며 반드시 오지 않을까 그날을 꿈꾸는 밤들.

한때는 꿈이 달콤하기만 한 줄 알았는데 이제야 꿈은 달 수 없다는 걸 알게 됐다.

손을 뻗으면 꿈이 잡힐 거라 배웠는데 나는 〈사물 A〉 속 사나이처럼 손이 잘렸고 새벽 문지방에서는 소리들이 피를 흘린다. 그래서일까 〈거울〉 속 왼손잡이의 손을 끝끝내 잡아주지 못했다.

한때는 초현실주의가 괴상야릇하다고 생각했는데 이제는 초현실주의가 극사실주의일 수도 있다는 걸 알게 됐다.

차례

시인의 말 4

1

묘지 12

겨울비 14

love is all 16

연금복권 18

가난 20

잊음잊음 22

불면증 24

사물함 25

나는 여전히 너무 많은 것을 이야기한다 26

아름다움의 쓸모 30

커피와 시인 32

꼬부랑 아저씨 34

시 값 36

주치의 1 38

자존감 40

무더위는 가실지 모르고 언젠가의 김치말이 국수 42

터벅터벅 44

인력 45

커피믹스 48

믿음 50

무명시인의 고백 52

2

부메랑 56

가끔 듣는 질문 58

마음의 서술어 61

白手 62

가성비 63

계절 냄새 65

외롭지 않아 67

이태원 2동 69

이파리 72

마피아 게임 73

그렇게도 당연한 것을 75

오늘만 세일 76

말장난 78

좋아한다는 말로도 위로가 되지 않는 80

주치의 2 81

어느 카페 중년 부부 83

코코로니 토도쿠요 winter song 86

울음의 의미 89

마늘 90

할 말 없음에 대하여 91

3

돌아가는 삼각지 94

초중후 96

모기향 97

지저귐 99

불 켜고 하자 101

누군가 널 위하여 102

기다리는 마음 103

말 무덤 105

호적수 107

주치의 3 109

탑 112

손가락질 114

피아노 116

왜냐하면 117

고드름 2 118

카키색 바지 120

군밤 122

인사 124

4

돛단배 128

이름 129

조감도 130

애증 132

두뇌는 하필 133

냉장고 135

니체에게 136

네 잎 클로버 138

5층 139

아낌없이 나를 사랑하던 것들은 모두 날 떠났다 140

그리움 142

편두통 144

다락방 146

어차피 피뢰침은 맨 위에 148

흙벽의 기와집 149

누룩 151

시집 발톱 계란 153

생애 첫 독자에게 154

유통기한을 늘리기 155

감상 | 음향과 침묵 · 이광호 157

1

묘지

 하고 싶은 말이 있었는데, 무슨 말로 시작해야 할지 막막해서 편지를 썼다 지웠다 여태 보내지도 못하고 있어. 아니 사실 편지를 쓰진 않았어. 요즘 세상에 편지 쓰는 사람이 얼마나 된다고. 편지는 지어낸 말이고. 카톡을 썼다 지웠다 말을 걸까 말까 하다가 그냥 말았어.
 하고 싶은 말은 있는데, 어떤 말로 시작해야 할지 몰라서. 대뜸 본론부터 얘기할 순 없어서. 글이란 게 그렇잖아. 서론이 있어야 본론도 잘 들리지. 말이란 게 그렇잖아.
 하고 싶은 말이 있었는데, 누구한테 말해야 할지 몰라서 말하지 않았어. 그렇게 닥치고 사니까 낙태한 말들이 묘지에 가득 들어찼어.
 묻고 싶은 말이 있는 자식들은 낙태된 부모를 묻으러 밤마다 빈 장을 찾아 묘지를 헤매다 몇은 도굴꾼이 되고 몇은 불효자가 되고 몇은 그냥 남의 무덤 위에 드러누워 버려.
 묻고 싶은 말이 있었는데, 무슨 말로 시작해야 할

지 막막해서 무덤을 팠다 묻었다 그냥 내가 들어가 누웠어. 그것까진 좋았는데, 궁금해하는 사람이 없어서 아무도 묻어주지 않았어. 눈앞에 밤하늘이 떠 있어. 하나둘 저 별을 세다 보면 잠들겠지. 그런데 서울 밤하늘은 별이 너무 없어 나는 잠들지도 못하고 있어.

겨울비

지나고 나면
눈이 될 줄 알았다
닿고 나면
쌓일 줄 알았다
겨울은 당연히 추우니까
기온은 영하니까
어는점을 지나
대기권에 닿고 나면
눈일 줄 알았다
너무 무거워
더는 못 견뎌
쏟아낸 것들 눈 되어
차곡차곡 쌓이면
밟히거나 녹아져도
일단은 보기 좋으니까
눈이길 바랐다
이렇게 따듯할 줄 알았나
지나고 나서 녹을 줄 알았나

닿고 나서 철썩
부서질 줄 알았나

love is all

 동료들이 모인 술자리에서 한 동료가 말하길, 사랑이 전부야. 그 말을 듣고 내가 묻길, 사랑이 전부야?

 술자리의 대화가 으레 그렇듯 모호한 말엔 누구의 메아리도 울리지 않았다. 그 자리 말미쯤에 동료가 자리에서 일어섰고 우리는 전부 사랑 찾아가냐 물었지만, 그는 으레 그렇듯 아무 말도 일으키지 않았다. 그의 전부가 사랑인 것. 그가 말도 없이 일어선 것. 모두가 부러워 나는 소맥에 소주를 조금 더 부었다.

 나의 전부는 무엇일까. 사랑이 전부라는 그는 확실히 사랑을 말한다. 그러나 내가 쓴 시는 확실히 쓴맛뿐이고, 내가 뱉은 말은 나를 삼키기 일쑤였다. 언제까지 나만 쓸 수 없다던 나는 나도 잘 몰랐던 거다.

 돌아가는 길은 유난히도 멀게만 느껴졌고 나는

배가 아팠다. 제아무리 멀다 해도 하늘 아래 길이로다. 주문을 외며 참아냈고, 집에 들어서니 머리가 지끈하였다. 마지막에 더 부은 소주가 문제였을까. 그 덕에 나는 머리에 손을 얹었다. 로댕의 조각처럼 생각하였고, 데카르트의 말처럼 존재하였다.

  love is all, love is all.

  부러운 마음에 주문처럼 읊조리다 어느새 잠이 들었고 잠결에는 잘못 외웠다.

  all is well, all is well.

연금복권

연금복권을 샀다.
나는 매달 500만 원씩
20년간 받을 거야.
그러면 불로소득으로
먹고 살 수 있겠지

멍청아, 돈 벌 생각이 없는 거니?
한 번에 받아야지.
그래야 돈이 돈을 부르지.

듣고 보니 맞는 말 같아.
어쩌면 좋지? 망설이는 사이
추첨일이 됐고 번호를 맞춰봤다.
어머, 세상에. 1등이 7조잖아? 나도 7존데.
숫자 한 개에 꽃잎 한 잎
사랑한다, 안 한다, 사랑한다, 안 한다.
기대감에 한껏 부푼 꽃잎은
한 잎, 한 잎 떼어져 나갔다

허탈감을 감추지 못해
잃었다, 뺏겼다. 투덜댔지만
멍청아, 생각이 없는 거니?
가만 보니, 가진 적도 없었다.
처음부터 내게 없던 것이었다.
미련은 그렇게 처음부터

내 것은 아니었다.

가난

 어떤 시인이 그랬다. 가난을 쓰려거든 가난에 머물러서는 안 된다고. 그러나 나는 정중한 말투에도 독촉을 받는 느낌이다. 말투야 어쨌든 결국 돈 내놓으라는 거 아닌가. 돈을 내주어야 하는 입장에서는 사실 "돈 좀 주시겠습니까"나 "돈 내놔 새끼야"나 매 한 가지인걸.

 한 번도 가난과 결별한 적 없는 나는 이미 가난에 익숙해져 있는데 이대로 헤어지지 않으면 꼼짝없이 결혼까지 할 것 같다. 그러나 가난은 나를 너무 사랑하고 나는 그와 헤어질 자신이 없다. 가난 없이 한밤도 지내지 않은 나는 그 없는 밤을 상상조차 못 한다. 이렇게 가난에 익숙해진 나는 가난에서 나아가는 글을 쓰지 못한다. 가난에 안주한 내가 그와 헤어질 엄두조차 내지 못하는 것처럼 나는 글에서도 빈티를 풍기게 된다.

 처음부터 나와 가난이 운명공동체였던 것은 아니다. 내가 철이 들던 어느 밤엔가 그는 새벽 도적처럼 자리를 비집고 내 옆에 누워있었다. 처음엔 조용히 잠만 청하는가 싶더니 점점 코를 세게 골고, 뒤척임이 심해진다. 이윽고 나는 새우처럼 온몸을 웅크린 채 잠을 청한다. 가난에 지지 않으려 몸부림도 쳐보고 귀를 막아도 보지만, 내 등만 터질 뿐이다. 가난은 고래처럼 아무 일도 없다는 듯 숨을 뱉는다. 나는 그의 숨에 깃든 군내를 맡으며 환각처럼 잠에 든다.

 이놈은 나와 "웬수야" 하며 평생 함께 산다 쳐도, 내 새끼는 이 새끼랑 살게 하지 말아야지. 있지도 않은 새끼 걱정을 하다가 문득 우리 엄마 생각이 났다. 가난의 대물림이 싫다던 우리 엄마는 나에게 무엇을 물려주셨나. 나의 가난이 엄마의 가난으로부터 왔다고는 생각하지 않는다. 엄마가 데리고 살던 건 엄마의 가난이니까. 내 가난이 아니니까. 손가락을 접어가며 생각하다 가난의 대물림이 싫다던 우리 엄마가 나에게 물려준 것은 결국 가난을 물려주기 싫다는 말이었다는 결론에 이른다. 가난을 물려주기 싫다는 우리 엄마는 가난을 물려주기 싫다는 말만 물려주었다. 나는 과연 내 새끼에게 무엇을 물려주게 될 것인가. 그 말조차 물려주지 못할까 그게 겁날 뿐이다.

잊음잊음

밤하늘 별빛은 사실 수억 년 전 일이라던데.
그걸 보고 예쁘다 올려보는 모양새가 조금 웃기다.
수억 년 전의 것이라는 것도 잊고선.

하긴, 어제 일도 잘 기억 안 나는데, 하물며 수억 년 전이라고.
하긴, 기억하고 살 게 얼마나 많은데, 친구네 강아지 이름도 기억해야 하는데,
밤하늘 별이야 오죽하려고.

그러고 보니, 잊고 사는 것이 참 많다. 잊지 말자고 해놓고선.
사람은 평생 100프로의 두뇌를 쓰지 못하고 죽는다는데,
그래서일까? 아니. 사실은 근거 없는 소리라는데,
어찌 된 걸까. 나는 무엇 하나 제대로 알지 못하는구나.
밤하늘도, 나의 뇌도.

하긴, 내가 뭘 알겠나.
하물며 내 마음 생김새도 모르는데.
영영 모를 텐데.

불면증

자고 싶지 않아로부터
자고 싶어도 잘 수 없어까지

올 때는 보고 싶지도 않다가
오지 않으니 절실해지는 것
시간을 거스르는 일
약속을 어기는 일
너를 생각하는 일

사물함

서울에만 지하철역이 300개가 넘는다던데
역사마다 사물함이 있다던데
굳이 집이 아니더라도
내 짐 맡길 곳이 곳곳에 많이도 있다던데

서울에는 모텔도 많은데
내 몸 맡길 곳도 곳곳에 많은데

내 마음
짐짝만도 몸짝만도 못하면서
맡길 곳도 기댈 데도 없이
쉬지 않고 닳기만 한다
그렇게 모난 마음
자꾸만 미워진다

나는 여전히 너무 많은 것을 이야기한다

그리 오래 지나지 않은 언젠가 친구들과 술을 먹다가 책 얘기가 나왔다. 레스토랑에서 손님에게 음식을 나눠주는 친구는 내 책을 사람들에게 좀 나눠주는 게 어떻겠냐 했고, 경영학을 전공한 친구는 홍보의 중요성을 역설했다. 영문학을 전공하는 나는 영문도 모른 채 혼나고 있었다. 다 아는 얘긴데 영문도 모른다고. 술김에, 홧김에, 조소와 함께 나는 말해버렸다. 니네가 생각하는 것보다 나 시 졸라 잘 써.

괴벨스가 꽂힌 책장의 주인은 내게 자꾸 뭘 버리라고 한다. 가뜩이나 가진 게 없는 나는 놓을 자신이 없다. 무소유가 말 그대로 다 버리라는 말은 아니라고 그랬는데. 그가 말하는 버려야 할 것이 무언지, 왜인지 알고 있지만, 여전히 나는 영문을 모른다.

사람들이 왜 자꾸 내게 고민을 털어놓는지 역시

영문을 모르겠다. 그래도 나는 그것이 좋다. 좋았다. 그 새끼는 지 필요할 때만 연락한다고. 어떤 친구가 다른 친구를 욕할 때도 나는 모든 연락이 결국 필요를 채우기 위함이라고 말했다. 이런 말에 사람들은 항상 그래도라 말한다. 그래도의 말맛은 닥치고 같이 욕해줘니까.

내게 털어놓던 친구들의 고민은 결국 해결되었다. 나 때문인지는 몰라도. 고민이 떠나자 친구들도 떠났고 나는 등대처럼 필요할 때만 찾는 사람이 되어있었다. 오랜 비수기를 지나고 요즘은 무슨 이유에선지 할 말 잔뜩 실은 배들이 빛을 정면으로 미끄러져 온다. 밤에도 낮에도 새벽에도. 원체 전화 안 받는 일을 못 하는 나는 전화가 오면 언제든 다 받아냈고 그들은 입에 구멍이라도 난 듯, 할 말을 게워냈다. 나도 귀에 구멍이라도 난 듯, 한 말을 삼켜냈다. 먹기만 하고 싸지 못한 나는 아랫배를 움켜쥐며 해우소를 찾았지만, 그때마다 나를 붙잡은 사람들은 해우만 하고 떠나갔다. 결국, 아무도 없는 방에 앉아 나는 글을 썼다. 그러나.

돌이켜보면 글을 쓸 때 나는 한 번도 즐거운 적

없었다. 글쓰기는 부담이었고 부담은 무거웠다. 지고 메는 일은 견딜 수 없이 괴로웠으며, 그 아래 나의 존재는 참을 수 없이 가벼웠다. 나의 해우소는 너밖에 없다고. 어르고 달래어봐도 문어文語는 문어文漁처럼 내 몸을 졸랐다. 밀란 쿤테라는 시인을 정신 나간 사람이라 일컬었다던데. 정신이 나갈 것 같을 때면 나는 아랫배를 움켜쥐고 해우소를 찾고, 다시 옥죄어지고. 이런 일의 반복이었다. 글쓰기는.

괴벨스를 생각하니 날카로운 시선이 관자놀이에 박힌다. 책장에 꽂힌 에리히 프롬이 노려본다. 잔뜩 토라진 그를 달래려 그의 등을 움켜쥐었지만 이내 놓아버린다. 닥쳐. 너는 네 말만 하는 놈이잖아! 사랑엔 기술이 없다고! 영문도 모른 채 딱딱하게 선 그를 뒤로하고 19번 소네트를 소리 내어 읽는다. 내가 아는 거라곤 영문밖에 없으니까.

듣는 것에, 누군가의 필요가 되는 것에 즐거움과 뿌듯함을 느끼는 내게도 즐겁거나 뿌듯해지고 싶지 않은 때가 있다. 그걸 알기에 나는 별일 없을 때만 입을 연다. 그러나 개개인의 삶은 별생이기에 별일 없음은 안부에서만 존재한다. 그렇게 입을 닫고 말은 썩는다. 나는 닫고 썩고 닫고 썩는다. 닫고 썩고의 삶이라 내가 여는 것은 냉장고의 문밖에. 이거라도 열고 들어가 눕는다. 조금이라도 늦게 썩으라고. 냉장고 안이라면, 영영 별일 없을 것 같아서.

아름다움의 쓸모

샐러드를 만들자
채소를 다듬자
치커리를 다듬고
적상추를 거르고
비타민을 자르자

비타민을 자르자
버려질 밑동이 보인다
비타민의 밑동이라니
먹어본 적도 없고 먹고 싶지도 않아
그런데 왜 이렇게 예쁜 거지

후배에게 물었다
너무 예쁘지 않니
꽃처럼 핀 비타민
잎만 자르고 남은 밑동
그마저도 예쁘지 않니

후배가 말하길
그거 얻다 써요
내가 성내길
꼭 얻다 써야만 쓸모니
아름다움은 그저 그 자체로
쓸모 있는 거 아니겠니

그거 얻다 쓰냐고 물었지
이거 봐라
내가 시로 쓰지 않았니
아름다움은
이토록 쓸모 있지 않니

커피와 시인

나는
커피처럼 쓰고
시처럼 무용한 사람

책상에 앉아
커피를 마시며
시를 쓴다

방안에는
홀짝이는 소리
끄적이는 소리

커피가 없었다면
무슨 맛으로
글을 쓸까

몸에 좋지 않다
커피를 줄이라던

의사 선생님 말씀

그럴 리가 없다
입에 쓴 것은
몸에 좋은 법

커피처럼 유용하고
몸에 좋은 시를
쓰고 싶다

그러나 나는
커피처럼 쓰고
시처럼
무용한 사람

꼬부랑 아저씨

지하철에서 어른들이 말씀하셨다.
세상이 요지경이야. 어떻게 돌아가는지 알 수가 없어.
영문학을 전공하고
토익 점수가 높아져도
세상은 여전히
영문도 모를 일 투성이다.

하긴, 영문을 안다고
잘 사는 것도 아닐 터.
아는 것은 아무것도 아니니까.
알기만 하는 것은 아무 짝에 쓸모없으니까.

읊조리며 지하철에서 내렸다.
아침부터 저녁까지 밥도 굶어가며
꼬부랑말을 들으며 꼬부랑글씨를 읽었다.
꼬부랑글씨는 꼬부라져서인지
눈에 차고 넘쳐, 눈이 절로 감긴다.

고꾸라지려는 고개를 부여잡고 노래를 부른다.

꼬부랑 아저씨가 꼬부랑 고갯길을
꼬부랑꼬부랑 넘어가고 있네.
꼬부랑꼬부랑 꼬부랑꼬부랑
고개는 열두 고개.
고개를

고개가 넘어간다.
어차피 알아도 못 살 것.
영문도 모른 채, 잠만 잔다.

시 값

16,040원의 택시비를 내고
집에서 멀리 떨어진
알록달록하고 시끌벅적한 곳에서
군중 속의 고독을 온몸으로 배운다.
여기저기 자기를 버린 사람들이
비틀대고 흥얼대며
어쨌든 부지런히 몸을 움직일 때
나는 내가 너무 무거워, 너무 소중해 버리지 못하고
그들이 버려 나뒹구는 자아들만 바라본다.
환경미화원분들이 고생하시겠구나.
초점 없는 눈으로 바라본다.
사방에서 담배 연기와 꼬부랑 소리가 달려오고
누군가는 내게 대마를 태웠냐 물었다.
아니요.
오라는 손짓에 옆자리로 옮겨가 의미 없는 대화 몇 마디 나누고는
 곧이어 술 마시러 간 옆자리 취객이 떠나고 나는 또 고독하다.

초점은 없는데 불빛처럼 찬란히 빛나는 사람들의 눈.

피곤과 대마에 절은 동태눈을 하고 위를 보니

천막에 앉은 매미가 울지도 않고 멍하니

너는 뭐하니, 동태눈을 하고선 뭐하니 묻는다.

초점 없는 그의 눈에 대고 오라 손짓하며 대마 했니 물었다.

의미 없는 물음에 날아간 매미는 그 밤 내내 볼 수 없었다.

여기 택시는 어디서 잡아요?

공연한 외침에 뭔 개소리를 하는 거야. 누군가 핀잔을 주었다.

내가 얼마나 개소리를 해댔으면 매미도 떠나고, 취객도 떠났을까.

인간 좀 되라는 어머니의 꾸중을 떠올리며 먼 길 걸어 나와 택시를 잡았다.

외면만 당하고, 핀잔만 들을 거면 왜 왔을까.

가죽 시트에 등을 기대어 골똘히 고민하던 차에 묵묵히 달리기만 하던 말이 답했다

시 한 편 값으론 싸게 쳤네.

그렇네. 하곤 잠이 들었다.

집에 도착할 때까지 깨지 않았다.

주치의 1

위가 아파요
직업이 뭔가요.
바리스타입니다
역시나.
역시나인가요
역시나 군요. 멀리하셔야 합니다.
뭐를 말입니까
커피를요.
하지만 커피를 안 마실 수는 없는데요
왜죠.
좋아하니까요
그 실체도 없는 것 때문에 위를 버리실 건가요.
커피만 멀리하면 될까요
또 뭘 좋아하시죠?
밀가루요
그렇군요.
그렇습니다만
조절하셔야 됩니다.

어떻게요

강 약 중간 약으로요. 덩 기덕 쿵 더러러럭으로요. 생각도 하지 마세요.

그리워지면 어쩌죠

부질없습니다. 그리기만 해서 뭘 하실 거죠. 몸에 좋지 않습니다.

다른 방법은 없는 건가요

아무래도요.

아무래도입니까

아무래도죠.

자존감

여기저기서 자존감 높이라는 말만 해대고
어찌 된 영문인지 적당히 하라는 말은 없습니다.
무턱대고 자존감만 높여봤자, 무시만 할 거면서.
자존감이 높은 동생에게 충고했습니다.
너 그러다 큰코다쳐.

혹시 몰라. 내가 틀렸을지도.
라고 생각해 보셨나요?

가정이 언제나 최선은 아니지만
최선의 과정에는 언제나 가정이 있습니다.

다들 앞다투어 제 자존감만 높이기 바쁜 날입니다.
먼 옛날에도 이런 일이 있었대요.
바벨탑 이야기를 다들 아실 겁니다.
그 높은 탑에서 내려다보면 사람들이 다 보이겠죠.

저는 자존감이 그리 높은 편은 아니라

그리 잘 보지는 못하였으나
대충 봐도, 자존감 높다는 사람들도,
저와 크게 다르지 않더군요.
역시 지구는 둥근가 봅니다.
역시 유행은 돌고 도는가 봅니다.
그러니 언젠가 우리도 갑시다.
젖소의 뿔처럼, 혼자. 지도 밖으로.

무더위는 가실지 모르고 언젠가의 김치말이 국수

 언젠가 말하길, 나는 진정 한국인이라고. 김치를 너무 좋아한다고. 그러면 부르길, "만약에 김치가 없었더라면 무슨 맛으로 밥을 먹을까."

 면을 좋아하지만, 장이 안 좋아 면을 기피한다. 면식을 하면 반드시 설사를 해대는 탓에 덩기덕 쿵 더러러 강약약중강약 밥밥밥면밥 해줘야 한다. 그럼에도 나는 언제나 김치말이 국수의 수렁에 빠지곤 했다. 시원한 국물과 새콤한 김치, 고소한 참기름. 먹고 난 후 배탈이 나 설사를 두어 번 해댄대도 언제나 나는 김치말이 국수. 그러고 나면 매번 너는 혀를 끌끌끌.

 국가 재난처가 국민의 핸드폰을 굉굉히 울리던 어느 낮. 쬐는 볕을 피해 들어간 식당에서 다시 김치말이 국수를 만났다. 시원하고 여전히 새콤한, 고소한 김치말이 국수는 여전하던 어느 날의 맛 그대로였다. 이제는 끌끌끌 소리 없지만, 여전히 설사는 하겠지만.

언젠가는 김치말이 국수도 물리겠지. 너무 차갑거나 너무 시큼해서. 혹은 너무 느끼해서, 아니면 후폭풍 때문에라도 이 맛에 싫증을 느끼겠지. 그렇게도 차갑고 자극적이던 날처럼.

무더위는 가실지 모르고 지금의 이 김치말이 국수도 여전하지만, 무더위도 가시고 언젠가는 그 김치말이 국수도 물리겠지. 언젠가 맞이했던 날처럼. 언젠가는 끝나겠지. 그립지도 않겠지.

터벅터벅

어디다가 힘을 다 썼는지
걸을 힘이 없다
온 힘을 빼고 걷는 나를
지탱하는 아스팔트
새삼 고맙다

터벅터벅 내 발소리
나를 타박하는 것 같아서
터벅터벅 내 발소리
발에서 나는 게 아니라서

발에서 나는 터벅 소리
아스팔트가 받쳐주는데
딴 데서 나는 터벅 소리
나만 듣는 거 같아서
갑자기 북받쳐서

인력

역사 밖은 우중충하다.
비가 오려는 듯 검은 구름이 낮게 드리운다.
아침부터 이렇게 어두워도 되는 것인가.
역전에는 검정 우산을 든 검은 사내들이 종종 쏘다닌다.

바람이 차네. 옷깃을 여며야지.
검정 모자를 꾸욱 눌러쓴다.
검은 이들의 종종걸음 사이를 터벅터벅 걸어간다.
마침내 도착한 사무소. 계단을 오른다.

일찍부터 서두르느라 목도 축이지 못했는데
벌써부터 사무소엔 줄이 제법 늘어섰다.

몇 시간이 지났을까.
네댓 명이 봉고에 오른다.
정장 차림의 아버지
츄리닝의 아저씨

비쩍 꼬른 할아버지

봉고에서 내린 하늘은 금방이라도 울 것 같다.
봉고 밖에서 처음 만난 사내는 성격이 괴팍해 보인다.
컨테이너 박스에 들어서려는 찰나
마침내 울음이 터졌다.
봉고는 이미 떠났는데

역전에서 봤던 검은 이들이 검정 우산을 들고 쏘다닌다.
삼삼오오 헤쳐모여 바삐 움직인다.
나도 그사이를 뛰어간다. 모자를 더욱 눌러쓴다.

한참을 운 얼굴로 목욕탕에 들어섰다.
1만 5천 원에, 전신 세신에, 마사지도 해준다는 손글씨가 보인다.
떼미리 만오처넌.
피식 웃었지만, 나와는 관계없다.

집으로 돌아와 젓가락을 깨작이다 드러누웠다.
내일은 더 일찍 나가봐야겠다.

집 위에 드리운 구름은 아직까지 울고 있다.
냉기 서린 바닥에 요를 깔고 누웠다. 노란 요를.
그랬나보다. 눈물 없는 꿈을 꾸기 위해
건조한 꿈을 꾸기 위해 나는
그렇게도 지도를 그렸었나 보다.

지도를 깔고 누운 포부를 되새기며 도망을 청한다.
이윽고 잠에 **빠진다**.

커피 믹스

세상엔 이런 날도 있고, 저런 날도 있다지만
어쩐지 내겐 이런 날들뿐이다.

쳇바퀴는 부러지기라도 하지.
나의 하루는 어디 하나 부러지지도 않고
매일의 나를 굴리기만 한다.

개똥밭에 굴러도 이승이 낫다 했지만,
보행자 신호에 손들고 횡단보도를 건너다
외제 차에 치여 숨지는 삶을 살고 싶다.
그러나 이는 꿈에서나 가능한 일이고
아침마다 아 시 발 꿈, 하며 깨어나면
서둘러 쳇바퀴를 굴린다.
개똥밭에 굴러도 이승이 낫다 했으니까.

꿈도 맘껏 못 꾸는 하루.
그러니 커피믹스나 타 먹어야지.
믹스 커피를 먹을 때만큼은

룽고 같은 이승을 잊을 수 있다.

이리도 저렴하고 간편하게
맛 좋은 커피를 맛볼 수 있다니.
커피와 프리마, 설탕의 비율이
이리도 환상적이라니.
설탕의 양을 내 마음대로 조절할 수 있다니.

내 마음대로 되는 게 또 있네?
언젠가 텔레비전 속 배우의 대사가 생각난다.
'또'라는 단어에 주목한다.

내 마음대로 되는 게 또 있나.
잠시 골똘해 보지만, 떠오르는 건 없다.
머리가 아플 것 같지만, 아무렴 어떠랴. 잊기로 한다.
커피믹스는 내 마음대로인걸.
이리도 맛만 좋은걸.

믿음

믿음은 바라는 것들의 실상이요
보이지 않는 것들의 증거니
믿음으로 말미암아 앉은뱅이가 서고
장님이 눈을 뜬다

말하지 않아도 아는 것
첫 키스의 종소리며
먹어봤자 아는 맛
믿음은 믿음으로 말미암고
믿음은 믿음으로 끝이 난다

믿음은 양가적이니
믿음으로 말미암아 사람은 곧고
양날이며 야누스이니
믿음으로 말미암아 사람은 굳고

믿음은 바라는 것들의 실상이요
보이지 않는 것들의 증거니

믿음으로 말미암아 선 자리만 서고
보는 것만 본다

겪지 않은 일이요
맡지 않은 냄새며
닿지 않은 감(感)이니
우리는 믿음으로 눈멀고
믿음으로 주저앉는다

무명시인의 고백

시를 써야 하는데 펜만 굴리고 있다.
목소리를 내야 하는데 펜만 굴리고 있다.
시를 써도 되는 것인가.
글쟁이는 펜으로 말하라는데 無名의 나는 펜으로 무얼 해야 하는가.
주먹 대신 펜을 쥐고 촛불 대신 기지개를 켜고
시나 쓰고 있어도 되는 것인가.
펜만 굴려도 되는 것인가.

구르는 돌에는 이끼도 안 낀다는데
구르기만 하는 펜은 잉크도 다 말랐다.

2

부메랑

 어제는 좋아하는 시인의 시집을 읽었다 내가 쓰고 싶은 시가 이런 시였는데 내 마음이 그의 시어가 되어 시를 헤집고 다녔다 충정로에는 바람이 많이 분다 높은 빌딩들 사이로 이 차선 도로가 나 있다 담배를 피우러 가는 길에는 맞바람이 나를 막아선다 전소한 담배꽁초를 버리고 오는 길에선 나를 재촉한다 담배 연기와 은행잎이 그의 방향을 가리킨다 은행잎이 헤엄친다 대한해협을 건너는 조모 씨의 모습처럼 거센 풍랑을 뚫으며 장구를 친다 잠시 앞으로 나가는가 싶더니 공중제비를 돌다가 뒤로 넘어진다 또 잠시 등 떠미는가 싶더니 막아선다 일렁이는 마음을 애써 진정시키며 시 한 편을 읽어냈다 나에게는 이례적으로 시 한 편을 끝내고는 필사를 했다 내가 하고 싶던 말이 이것이었는데 그의 시어가 내 마음을 헤집는다 공중제비를 하다가도 텀블링을 돈다 대상도 없는 사람들이 좋아하는 글을 쓰고 싶다가도 이게 무슨 소용인가 싶다 결국 내 할 말을 잘하면 되는 것을 그게 나의 역할이다 연거푸 담배를 태운다 잠시 눈을 감고 몸에 힘을 뺀다 담배 연기와 은행잎이 앞서거니 뒤서거니 한다 애초에 닿을 수 없는 물성이지만 가끔 부딪히는 소리가 들린다 시라는 게 그런 것이 아닐까 닿지 않아도 소리 나는 것 괜히 공중제비를 돌아본다 어차피 넘어질 바엔 코가 깨졌으면 좋겠다

가끔 듣는 질문

어떤 계기로 글을 쓰기 시작하셨나요?
가끔 듣는 질문입니다.
글쎄요. 어쩌다 이렇게 됐을까요.

초등학교 시절 제 장래희망은 늘 과학자였어요.
중학 시절에는 프로게이머였다가 고등학교 때는 음악을 하고 싶었어요.
담임 선생님도, 부모님도 만류하셨죠.
그렇다면 자퇴하고 혼자 힘으로라도 하겠습니다.
담임 선생님은 비웃었고, 어머니는 한숨 쉬셨습니다.
돈이 없다는 어머니께 혼자 돈을 벌어 학원비를 대겠다고 대들었어요.
아버지는 뒤돌아 테레비만 보고 계셨죠.

가끔씩 듣는 질문입니다.
넌 어쩌다 글을 쓰게 됐니.
그러게요. 어쩌다. 왜. 하필. 글을.

썼을까요. 재주도 못 넘으면서
재주도 못 넘는 곰탱인지라 알록달록한 천막에도
제가 슬 자리는 없어요. 그런데 어쩌다
글을 쓰게 됐을까요. 슬 자리도, 쓸 재주도 없는데.

사실 이 질문에 대한 답은 이미 정해져 눈을 감고도 쭉 말할 수 있어요.
 그치만 진심은 아니에요. 사실이라고 언제나 진심일 수는 없잖아요.
 글쎄요. 어쩌다 글을 쓰게 됐을까요?
 잘 모르겠네요.

또 종종 듣는 질문이 있습니다.
 밥벌이는 좀 되십니까?
 아니요. 이건 진심입니다.

그게 아쉬워서 책날개에 적었어요.
 글 써서 밥 벌어 먹고 싶다고.
 표지에 적으면 너무 노골적인 것 같아서요. 내지에 적으면 묻힐까 봐요.
 날개에 적었어요. 날개에 적으면 날아갈까 봐요.
 대기권 성층권 열권 다 넘고 하늘에 닿을까 봐요.

그런 의미에서 오늘은 기도하고 자려구요.
아버지 아버지 아버지
뒤돌아 테레비만 보시진 않겠죠?
아버지. 아버지.
아멘.

마음의 서술어

마음은
왜 하필
쓰다를 서술어로 취했을까

소모품인 걸까, 마음은
다 쓰면 버려질까, 내 마음은

白手

손이 하얀 사람들의 이야기
흑연과 잉크로 얼룩진 사람들이
지우개 똥이 되는 날
지우개 똥은 지우개 똥

배나무 밑에 모여 꽃이 되고
광장으로 모여 빛이 되고
푸른 기와를 물들여

지우개 똥은 지우개 똥
지우개 똥이 모여 지우개가 되고

무엇을 다시 쓰려나
무엇을 고쳐 쓰려나

손이 하얘서 슬픈 사람아
찬 바람에 움켜쥐면
노래진단다

가성비

시대를 역행하는 것이 아닌가.

어딜 가든 아재 소리를 듣는 요즘. 어느새 나는 구식 모델이 되었다. 더이상 부품이 안 나와 서비스센타에서도 손사래를 치는 그런 구식 모델. 인력사무소에서도 안 쓸 인력. 요즘 유행은 가성비라던데. 빈티지가 유행이라지만, 가성비가 이렇게 안 좋아서야. 쉽게 고장 나고 고칠 수도 없는. 제 밥값 하려 노력해보지만, 고장이라도 난 듯. 밑이 빠지기라도 한 듯. 아무도 관심 없는 가성비 극악의 삶. 폐지를 줍는 일, 공병을 모으는 일. 하루종일 온 힘을 다해 폐지와 공병을 주워 봐야 제값도 못 받고, 키로당 단가는 갈수록 내려간다. 시를 쓰는 일, 책을 내는 일. 온 마음을 다해 글을 쓰고, 지워봐야 제 맘도 모르고 먼지만 쌓여간다. 내 노력과 열심엔 아무도 제값을 쳐주지 않으니까.

혹시 누군가 나를 읽지 않았을까? 이름을 검색해

보지만, 피드는 늘 같은 모습이다. 인스타그램, 페이스북, 트위터까지 검색창이 있는 곳엔 모조리 이름 석 자 적어봤지만, 아직 못 적어 본 곳도 있다. 어차피 파는 인생이라면 이름뿐 아니라 모조리 다 팔아볼까. 몸도 팔고, 시간도 팔고. 악마에겐 영혼도 판다는데, 인생이라고 못 팔쏘냐. 자본주의에서는 모든 것이 재화니까. 자본이 최고니까.

그러니까. 중고나라에나 올려볼까. x년산 인생 팝니다. 잦은 흡연과 불면으로 인한 생활 기스 있습니다. 여러 재주가 있지만, 특출난 것은 없고, 끈기와 노력은 별도로 구입하셔야 됩니다. 택포 4,800원입니다. 댓글 1 생활기스 사진 인증 해주실 수 있나요? 안전거래 가능할까요? 댓글 2 직거래 4,000원 가능한가요? 댓글 3 팔렸나요? 댓글 4 정품 맞나요?

하지만, 요즘 소비자가 얼마나 똑똑한데. 다나와에서 다 비교해 주는데. 내 가성비 다 나오는데. 나만 사는 이런 인생, 누가 산다는데.

계절 냄새

빛은 소리보다 빨라서
번개는 천둥보다 먼저 치고
냄새는 빛보다도 빨라서
계절은 냄새로 먼저 온다

네 모습도 네 소리도
번개처럼 천둥처럼
잠깐 아프다 말 것을
네 냄새는 계절처럼
돌고 돌아
지치지도 않고 맡아진다

냄새는 빛보다 오래 남아
내 방에 네 것을 죄다 치워도
소리보다도 냄새는 남아
빨아도 지지 않는 네 냄새

번개도 천둥도 치지 않는 방에도

나는 비를 막을 순 없어
눈멀고 귀먹어도
나는 코를 막을 수 없어

사는 동안 멍에처럼
지고 갈 계절
맡고 갈 냄새

외롭지 않아

검은 골목을 지나 검은 방에 들어와 방 불을 켠다. 상념에 빠질 틈 없이 바쁘던 마음 불이 꺼진다.

오늘은 어땠어. 뭐가 좋았고 뭐가 안 좋았어. 누가 뭐라 말했는데 그게 어쨌어.

특별할 것 없이 시답잖은 말은 하지 않기로 한다.

잔업이라도 있으면 좋으련만, 아무 할 것 없는 날은 공허함만 더해간다.

텔레비전 채널은 몇 바퀴를 돌아도 볼만한 프로가 없고, 기대감에 편 소설책과 시집은 이렇다 할 감흥 없다.

서둘러 씻고 나와 밥을 먹는다. 오늘 하루도 쫄쫄 굶다 첫끼를 먹는구나. 아니다. 날짜가 바뀌었으니 하루의 시작을 밥으로 하는 게 되겠구나. 밥 먹을 시간도 없던 하루를 돌이키면 먹고살자고 하는 짓인 줄 알았는데, 그것도 아닌가 싶다.

샤워와 식사라는 당면과제를 끝마치고도 베개에 머리 누일 생각은 없다. 이대로 감고 뜨면 학교에 가고, 끝나면 일을 하고, 끝나면 방 불을 켜고, 밥을 먹겠지.

나에게 주어진 시간은 이 새벽뿐이니, 비록 지질하고 부질없더라도 분침을 몇 바퀴는 돌려야겠다.

노트북을 켜면 그제야 핸드폰이 울린다. PC 카톡 알람 말고는 울지 않는 핸드폰. 울고 싶지만, 울 일이 없는 내 마음도 저 핸드폰 같을까.

오늘도 아쉬움에 뜬 눈이 절로 감기고 나면 생각 없이 하루를 세우겠지. 울 일이 없으니 울지도 않겠지.

누군가는 나를 보고 외롭냐고 말하겠지만, 나는 외롭지 않다. 이건 외로운 게 아니다.

아냐. 그게 외로운 거야. 라고 말한다면 딱히 할 말은 없다.

이태원 2동

 군대 선임은 이태원이 무서워 자전거를 타고 터널만 지나면 될 거리를 빙빙 돌아갔다 했다. 어릴 적 한 시선에 온통 외국인과 외국 말뿐이어서, 외국이라 해도 믿겠다. 싶었다. 할머님들이 야채를 팔던 언덕은, 그래서 야채 언덕이라 불렸던 언덕엔 술집이 즐비하다. 할머님들 야채 팔던 자리엔 화려하게 꾸민 청년들이 삼삼오오 담배를 피우고 있다. 침을 뱉는다. 예전에 우리 할머니가 쭈그린 채 시금치를 다듬던 자리에. 바로 그 자리에. 야채 언덕을 기억하는 건, 야채 언덕 이름을 한 카페뿐이다. 그 카페에도 사람이 많은 것을 본 기억이 없다. 너무 자그마해 지나치기 쉬운 그 카페처럼, 사람이 없어 언제 사라져도 모를 그 카페처럼, 야채 언덕을 기억하는 사람들은 이미 동네를 떠났다. 치솟는 집세를 감당 못 해서일까. 항간에는 동네가 뜨기 직전에 집을 팔고 떠난 사람들이 있단다. 지금은 피눈물을 흘린단다.
 집 앞 슈퍼, 아니 편의점으로 향한다. 처음 보는

사람들이 참 많다. 개 중 몇몇이 내게 묻는다.

여기 경리단 길이 어디요. 한평생, 한평생이라 해 봤자 30년 남짓한 삶이지만, 경리단에 살면서 경리단 길이 어딘지 나는 모른다. 하얼빈 역이라면 아는데요. 경리단 길은 모르겠네요.

경리단은 군부대 이름이에요. 육군 월급이 나오는 곳이죠. 지금은 국군재정관리단으로 바뀌었어요. 육해공 월급이 다 여기서 나오죠. 그래도 여전히 이곳은 경리단으로 불리네요.

언덕 많고 골목 많은 이곳을 찾아오느라 수고가 많으셨어요. 이 건물은 저 어릴 땐 없었는데요. 여기 놀이터는 예전에 제가 살던 집이었어요. 저 건물은 연예인이 샀다네요. 여기부터 여기까지는 대기업이 샀대요. 그런데 이 작은 가게가 알박기하고 있다던데요. 출처를 알 수 없는 이야기들이 매일매일 미세먼지처럼 떠다녀요. 엄청 조용한 주택가였는데 말이죠. 편의점도 많이 생기고 술집도 많이 생겼어요. 그래도 저는 어릴 적부터 가는 곳만 가게 되네요. 이제 별로 남지도 않았어요. 그래서인지 집에 머무는 시간이 많아졌네요. 갈 곳이 없나 봐요. 아 참, 경리단길이 어디인지 물으셨나요? 죄송해요,

잘 모르겠네요. 경리단이라면 저기에 있어요. 경리단엔 경리단이 있고 우리 집이 있어요. 아직 남은 것은 그 정도네요. 즐거운 시간 보내세요.

이파리

어리지 않아서 질기지 않고
여리지 않아 보드라운 이파리

어리고 여림에 계절이 들면 고개가 쳐지고
여리고 어림이 세월 입으면 어깨가 무거워

그렇다면 세월은 내려가는 것
밑으로 흐르는
철이란 계절
계절이란 세월

마피아 게임

밤이 깊었습니다.
마피아들은 고개를 들어 서로를 확인해 주세요.
날이 밝았습니다.
간밤에 아무개가 죽었습니다.
아무개는 시민이었습니다.

살아생전 아무개는
거짓을 모르는 순수한 시민이었습니다.
밤새 애인의 담벼락을 어슬렁거렸고
몰래 숨어 지켜보았습니다.
남들 앞에서 솔직하진 못했지만,
거울 앞에서는 솔직했습니다.
마피아는 그의 발에 구멍 뚫린 이불을 주었고,
홍조 띤 얼굴에 손가락질하였습니다.

원숭이 엉덩이는 빠알개
빨가면 사과는 맛있어 맛있으면 바나나는 길어 긴 것은 밤.

긴 밤이 지나 이윽고
날이 밝았습니다.

마피아의 승리입니다.

그렇게도 당연한 것을

너무 당연한 말을 할 때가 있다.
불변의 진리를 굳이, 불문율을 굳이
잊지 않기 위해, 상기하기 위해
이렇게 지루한 이유 때문은 아니다.

때로는 당연한 것을 당연하게 말해야 된다.
프롬도 사랑은 기술이란 것을 말하려
굳이 책 한 권을 냈다.
성경에는 언제나 당연한 말만 쓰여 있다.

세상에 바른 것 없음을 보려면 정치를
자본이 최고임을 알려면 기업을
사랑의 가치를 알려거든 시집을
고인 물의 결말은 *死代* 강을

아이러니일까
인정하면 역설이다.

오늘만 세일

폐업정리! 오늘만 세일!
이라는 가게는 대체 언제 망하는 건가.
이미 망했나 싶다가도 내일도 모레도 오늘 또 오늘
모든 시간이 어제로 흐르는가 싶더니
결국, 남는 건 오늘 그리고 오늘.

오늘만 산다던 어느 아저씨는 약속도 못 지키고
잠자리에 든다. 하루살이는 잠이 없는데, 먹지도 않는데.
하긴, 하루살이 가끔은 사흘도 산다더라.

내일은 저 가게가 망할까, 망하고야 말까.
내일만 보고 사는 놈은 오늘만 사는 놈을 이길 수 없다던데,
매일 매일이 오늘 또 오늘인 사장님은
폐업도, 정리도 없이 세일만 하고 있다.
세일이 끝나야 정리도 하고, 폐업도 할 텐데.
좀체 세일이 끝나지 않는다.

내일도 모레도.

오늘만 사는 놈의 시간은 흐르지 않으니까.
내일이 있는 놈은 어제도 있으니까.
내일로 갈 수 있는 것도 어제가 있는 놈의 특권이니까.
그래서 사장님은 내일도 오늘, 모레도 오늘.
언제 끝날지도 모르는 오늘만 세일.

말장난

 불편(不便)은 불변으로도 읽을 수 있다. 변(便)에는 '변을 누다'라는 능동의 뜻도 있으니, 불변은 변비라고도 할 수 있겠다. 변비에 걸리면 불편하다. 몸도 마음도. 몸이 정신을 지배할까, 정신이 몸을 지배할까? 유물론이 맞을까, 관념론이 맞을까. 아무튼, 변비는 불편하다.

 변하고 나면 편해질 테다. 불변하던 것들을 내보내고 나면. 내 몸과 맞지 않는 옷가지를 내보내고, 가구를 들어내고. 마음에 들지 않는 것들을 싸버리고, 싸버리고. 그러니까 카타르시스.

 진리는 불변하고 불변은 불편하다. 삼단 논법에 의하면 진리는 불편한 것이 된다. 시대는 불편해진다. 변비를 앓고 있는 개체 수는 늘고, 불편하다 말하는 사람도 많아진다. 불편하다 말하는 것은 불편을 피하고 편함을 위함이니, 불변의 진리는 거들떠보지 않는다. 진리는 불편하니까.

 누구누구는 꼰대를 불편해하던데, 시대의 변화를 인지 못하고 변하지 않는 게 꼰대라던데. 불변의 꼰대가 불편해 거들떠도 안 보는 게 불변의 우리다. 그렇다고 꼰대가 진리라는 말은 아니다. 그렇다고 우리가 안꼰대라는 말은 아니다.

좋아한다는 말로도 위로가 되지 않는

언젠가 짝사랑을 하는 친구가 물었다.
인스타 좋아요 눌러도 돼?
내가 답했다.
친구야, 그건 아무 의미 없어.
그 하트는 진짜 마음이 아니야.

아무도 없던 밤에 굉굉 핸드폰이 울린다.
xxx 님이 회원님의 게시물을 좋아합니다. yyy 님이 회원님의 게시물을 좋아합니다. zzz...
감사합니다, 여러분. 참 감사합니다만, 엄지 두 번 꾹꾹으로 보내주신 마음들 하나도 제게 닿질 않네요.

텅 빈 마음은
엄지 두 번 누른다고
그렇게도, 새빨갛게
채워지지 않네요.
죄송합니다.

주치의 2

직업이 뭔가요.

시인입니다

역시나.

역시나인가요

역시나 군요. 멀리하셔야 합니다.

뭐를 말입니까

시를요.

왜죠

만병의 근원은 스트레스거든요.

시가 스트레스를 유발한다는 말입니까?

아니요. 돈은 멀게 하죠.

돈은 뭔가요

만병통치약입니다.

하지만 시를 안 쓸 수는 없는데요

왜죠.

시인이니까요 시를 쓰지 않는 시인이 존재할 수나 있겠습니까

밥벌이는 좀 하십니까.

그게 꿈입니다

밥벌이를 못 하는 건 인간도 아니죠.

어떻게 하면 인간이 될 수 있나요

돈을 벌어야죠.

다른 방법은 없는 건가요

아무래도요.

아무래도입니까

아무래도죠.

그럼 저는 어찌해야 하나요 선생님

멀리하셔야 합니다.

뭐를 말입니까

이상을요.

이상은 뭔가요

복권은 사십니까.

그런 허영은 사지 않습니다 어차피 안 될 거잖아요

그거라도 사시죠.

어째서죠

시보다야 현실적이잖아요.

확률적인가요

확률적으로요.

어느 카페 중년 부부

어느 카페에 느지막이 중년 부부가 들어선다. 남편은 자리에 앉아 아내의 선택을 기다린다. 아내는 직원에게 말을 건넨다. 미주알고주알. 그러나 마감이 임박할 때 오는 손님은 으레 환영의 대상이 아니듯, 어서 오세요가 어서 오란 말이 아니듯, 사무적인 미소와 단답으로 직원은 익숙하게 그녀의 질문을 튕겨낸다. 주문을 마친 아내가 남편의 맞은편에 자리한다. 남편의 정수리를 바라본다. 본디 눈이 있어야 할 곳엔 정수리가 있다. 남편이 엎드려있다. 곧이어 주문한 음료가 나오고 받지도 않은 진동벨이 자리에 올린다. 아차, 코골이다. 그의 코골이를 기다렸다는 듯이 다른 손님이 나가고 이제 그들은 유이한 손님이 된다. 아내는 말이 없다. 미주알고주알. 인테리어가 바뀌었네, 답답해 보인다, 이거는 왜 차게만 가능하냐, 감기에 걸렸는데.

그녀의 미주알이 사무적인 미소에 튕겨 나갔고, 고주알은 맞은편 정수리가 튕겨냈기 때문일까. 그녀는 핸드폰을 집어든다. 애초에 남편 몫이었던, 그녀가 감기 때문에 시키지 않았던 찬 음료가 그녀의 레몬티 옆에 자리한다. 두 잔의 음료를 나란히 앞에 둔 그녀는 레몬티의 레몬을 껍질째 씹어 먹는다. 핸드폰을 만지면서.

쿵쿵거리며 마감을 준비하는 직원이 눈치를 준다. 그녀는 손바닥만 한 핸드폰으로 튕겨낸다. 팅팅 직원 발 눈 총알이 바닥에 박히자 그의 입이 댓 발 나온다. 그녀도 분명 봤으리라. 사람의 화각은 생각보다 넓으니까. 그녀의 손가락은 손바닥만 한 네모 안에서 갈 곳을 잃었으니까.

10시가 되자마자 직원이 우물댄다. 마감을 알리고 그들을 쫓아내려는 것일 테지. 넓은 화각으로 그녀는 그를 알아챘고 남편을 깨우기 시작한다.
수희 아빠, 일어나야 해. 가게 문 닫아야 해. 수희 아빠.
코를 골던 그가 인사불성 일어난다. 직원이 다가간다. 역시나, 술 냄새가 난다. 한 모금도 대지 않은 음료를 직원이 낚아챈다. 일회용 컵에 담아 다시 건넨다. 아내가 한 손에는 찬 음료를, 다른 한 손에는 비틀대는 남편을 이고 문으로 향한다. 그가 지난 자리마다 나선으로 술 냄새가 남는다. 그가 넘긴 술이 괴로움이었는지 즐거움이었는지 모르겠으나, 그가 남긴 술 냄새를 지나는 일은 확실히 괴로움이다. 그의 몫이었던 찬 음료는 관심이었을지 성의였을지 모르겠으나, 끝내 그는 한 모금 넘기지도 않았다. 바람결에 나부끼는, 커튼 같던 그녀의 입이 갈 곳을 잃었다. 사각형에 갇혀버린 그녀의 시선이, 찬 음료와 남편의 팔을 메던 그녀의 손이, 그리고 그녀의 감기가 모두 그녀의 마음일까. 그녀는 알아주길 바랐을까. 그녀의 모습이 낯설지 않다. 마음 둘 곳 없는 그녀는 남편을 붙잡고 집으로 향했을까. 집에서도 그녀는 핸드폰을 집었을까.

코코로니 토도쿠요 winter song

08년이었나, 동네의 이자카야에서 일했었다. 외로운 사장님과 함께하는 유일한 직원이었던 나는 사장님의 예쁨을 받았고, 근무가 끝난 후 그의 넋두리를 들어주는 것만으로도 초과근무 수당을 받을 수 있었다. 한 번은 이모뻘의 손님이 나한테 30살이냐 물어서 충격을 받은 적도 있었다. 그때 나는 열아홉이었는데. 어느 아저씨는 생맥주를 잘 따른다고 칭찬을 해주셨다. 열아홉이었는데.

가끔은 전날 사장님의 술자리 후 난장판을 홀로 치워야 할 때도 있었고, 영업을 안 한다고 미리 고지하지 않아 출근 후 바로 귀가하는 허무한 일도 있었다. 그만둘 때에는 내가 재수하는 동안 독서실비를 내준다는 그의 말에 손사래를 치며 나왔다. 부담스러웠지만, 어찌 됐든 호의였을 그의 태도는 마지막 급여 지급을 차일피일 미루는 탓에 불호로 바뀌었다.

그곳을 시작으로 여러 군데서 오랫동안 일을 했다. 지나온 매장마다 기억에 남는 것들이 있기 마련

인데, 08년의 이자카야에서는 온갖 튀김 냄새가 잔뜩 베어 남았다. 튀김 가루는 눈꽃이라고도 하던데. 하얀 눈이 흩날리는 어느 겨울에 나는 튀김옷을 입고 다녔다. 그리고 또 남은 것이 키로로의 겨울 노래.

사장이 고른 일본 노래가 무작위로 흘러나오던 앰피쓰리에서 어느 순간 이 노래가 나왔다. 일본인 특유의 영어 발음으로 노래하는 "윈타쏭"은 겨울의 손님 없는 이자카야와 참 잘 어울렸다.

지인들과 오뎅탕을 먹기로 약속했다. 뚝섬의 어느 이자카야로 오라고 했다. 뚝섬은 07년인가 두 번 정도 가보고 처음 가는 곳이었다. 이자카야의 이름은 코코로. 코코로라니 너무 귀여운 이름이다. 라는 생각과 함께 윈타쏭이 떠올라 급하게 검색했다. 그러나 검색결과는 기대에 미치지 못했다.

결국 찾아낸 것은 코코로의 뜻이 마음이라는 것. 윈타쏭의 가수는 코코로가 아니고 키로로라는 것. 윈타쏭을 듣고 있자니, 오뎅탕에는 겨자와 간장을 빼먹지 않고 챙겨야 되고 도쿠리는 오천 원인데 전자렌지에 데우면 된다는 것. 그리고 락교는 낫또와 발음이 비슷하지만, 전혀 다른 것이라는 걸 한창 외던 날이 생각났다. 당시의 부담스러운 호의를 보인,

결국 불호로 귀결된 사장님은 상호를 바꾸는 몇 번의 고초를 겪다 가게 위치마저 바꾸면서까지 아직 동네에 남아있다. 마주쳐도 아는 체하진 않지만, 이제는 불호의 감정도 전혀 남지 않았다. 그렇다고 마주치면 아는 체할 것도 아니지만.

와중에 다행인 것은 이 노래를 알아챘다는 것. 찾아냈다는 것. 코코로라는 귀여운 단어가 마음이라는 따듯한 뜻이라는 것. 코코로에서 좋은 사람과 좋은 시간을 보냈다는 것. 바닥에 눈이 쌓였다는 것. 튀김은 맛있다는 것. 추운 겨울이라 튀김옷같이 두꺼운 외투를 입었다는 것. 시로이 코나유키가홋테 코코로니 토도쿠요 winter song(하얀 가루눈이 내려 마음에 닿는 겨울 노래)

울음의 의미

매미가 우는 것은 어쩌면
귀뚜라미 기다리는 걸지 몰라

귀뚜라미 우는 것은 어쩌면
소쩍새 기다리는 걸지 몰라

소쩍새 울음은
핏덩이 울리고 핏덩이 울음은
제 어미 부르지

우리가 우는 것은 어쩌면
누군가 부르는 건지 몰라
울지 않으면 오지 않을 누군가

올 일이 없으면 울지도 않을 텐데
울고 싶어도 울 일이 없으니
울지도 않겠지
그러니 오지도 않겠지

마늘

육쪽마늘 반 접 사다가 대야에 풀어놓고
웅크리고 앉아 작은 칼을 쥔다
미련 후회 추억 고통
불안 그리움
육쪽의 알맹이 죄다 벗겨진
빈 줄기만 버려진다
눈을 감는다
자줏빛 동그란 꽃을 그린다

할 말 없음에 대하여

할 말이 없어도 입을 열어야 할 때가 있다.
쓸 말이 없어도 펜을 잡아야 할 때도 있다.
하고 싶지 않은 일을 한다는 것은 얼마나 괴로운 일인가.
쓰고 싶지 않지만, 써야 한다는 것은 그보다 괴로운 일이다.
일찍부터 입은 욕망의 구멍이라 모든 욕망은 위로 와서 밑으로 간다.
그러니까 사람은 과묵해야지.
너무 많은 말을 하면 할 말이 없으니까. 할 말이 없으면 쓸 것도 없으니까.
해소 못 한 욕망의 반죽이니까. 시라는 것은.
그러니까 쓰게 삼켜야지.
쓰게 삼킨 말을 쓰면 반드시 달 테니까.
종이에서 군내가 나면 먹음직스러우니까.
입에 단 시가 몸에도 좋으니까.

3

돌아가는 삼각지

 거절을 못 하는 내 별명은 돌아가는 삼각지다. 누군가가 요청한 부탁을 막지 못하고 끊지 못하고 내 갈 길이 막히고 끊겨 결국에는 돌아간다는 뜻이다. 거절을 못 하는 나는 거절당하는 것이 두렵다. 내가 거절하지 않으면 누군가도 언젠가 내가 뻗은 손을 막지 않고 끊지 않을 거란 안도가 든다. 그래서 나는 거절을 못 한다.

 거절을 모르는 나는 피로하다. 서둘러 몸을 씻고 누이고 싶지만, 나는 거절을 몰라 집으로 가는 길이 멀기만 하다. 오른쪽으로 와줘. 왼쪽으로 와줘. 뒤로 와줘. 거절을 모르는 나는 직진도 모른다.

 나는 참 착하다고. 나를 희생하며 누군가를 돕는다고. 성냥 같다고. 장작 같다고. 불그스름 겸연히 선 내게 풀무가 바람을 넣는다. 너는 참 나쁘다고. 남을 희생하며 네 불안을 태운다고. 시뻘겋게 씩씩대는 내 속을 부지깽이가 뒤적인다.

 옳은 길을 내어주지 못하면 침묵하라고. 누가 내게 길을 묻거든 바른길로 안내하라고. 그렇지 못한다면 막으라고. 끊으라고. 네가 돌아가는 것은 네 선택이지만, 네가 에움길에 선다면 누군가도 그리로 발 내디딘다고. 온 인류 중에 오직 프로스트만이 가지 않은 길을 택했다고.

삼각지 로터리에 궂은비 오는데 비에 젖어 한숨짓는 외론 사내가 찾아왔다. 울고 가는 삼각지 삼각지 로터리를 헤매도는 이 발길. 외론 사내가 남몰래 찾아왔다. 돌아가는 삼각지.

초중후

초중후 초중후를 지나 다시 초를 앞두고 있다. 초를 지나 중을 지나 후에 있다는 것은 그만큼 중후해졌다는 뜻일까. 살아봤으니까, 익숙하니까. 초중후를 지나는 동안 철이 들어버리고, 무거워져 버리고. 그렇게 중후해지는 것인가. 그러고 보니 몸도 입도 좀 무거워지긴 했다. 나는 아직 어린데 중후한 티를 내려니 내가 입은 계절들이 무겁기만 하다. 얼른 초로 가고 싶다. 초중후 초중후를 지났어도 이번 초는 또 처음이니까. 조금은 가벼워도 괜찮으니까. 여전히 철부지니까.

모기향

열대야를 숨 가쁘게 지내고 있다
이 무더위에 무슨 캠핑이냐며 핀잔을 주다가도
강바람이 시원하다는 말에 못 이기는 척 한강 둔치에 텐트를 친다
입구 앞에 동그란 모기향을 폈다
잔디보다 짙은 녹색으로 모기향은 뺑글뺑글 돈다
그 모양을 보고 있으면 어쩐지 최면에 걸릴 것도 같다
구수한 내를 풍기며 타들어 가는 모기향
시든 풀잎 같은 색을 내며 불이 지나는 방향 뒤로 모기향이 조각조각 떨어진다
우리가 지내는 무더운 오늘 밤은 우리 생의 어디쯤일까
모기향처럼 적확하게 우리가 어디를 지내는지 알고 싶다가도
알아 뭐하냐는 핀잔을 스스로 준다
그래, 그거 알아 뭐하나
베개가 이미 있는 네게 하나 더 하라며 건네준 팔

이 저려온다
 타들어 가는 모기향이 오늘 밤을 무사히 나게 해
줄 거야
 지난했던 여름날이 조각조각 떨어진다
 최면에 든 건지, 모기향에 취한 건지
 어느새 곯아떨어졌다

지저귐

거리를 보면 모두 그럴듯하다.

모든 말은 거리로 모인다. 거리를 점거한 말들.

세차게 울어대는 경적을 뒤로한 채 포개어있는 말들.

말들은 무슨 말을 하려는가. 무슨 말을 들으려는가.

누가 듣는단 말인가. 누가 말한단 말인가.

아무도 믿지 않는 말을 하기 위해, 모두가 믿는 말을 하기 위해 거리로 모인 말들.

포개어 있는 말들 사이에는 무엇이 반짝거리는가.

이빨 사이를 뛰노는 세 치 혀.

거리를 점거한 말과 듣지 않으려는 경적 중 누가 옳은가. 누가 그른가.

말들은 돌아 돌아.

종로를 돌아, 을지로를 돌아

해쉬태그를 돌아, 언더바를 돌아

말들이 쌓인 무덤은, 말들이 쌓은 무덤은 거리 한가운데 우뚝 서 있다.

어차피 썩어질 것. 어차피 흙이 될 것.

지저귀는 말들 사이에 반짝임은 무엇인가.

불 켜고 하자

역사는 기록하는 자의 것. 우리 불 켜고 하자.
오늘의 역사를 후대에 남겨. 우리 불 켜고 하자.
우리 관계의 매듭을 지켜보아
어떻게 짓는지, 어떻게 푸는지
불을 켜고 기록해 두자.
대낮에도 한밤에도 안에서도 밖에서도
관계는 맺는 자의 것. 우리 불을 지피자.
우리 불은 켜두자. 우리 불 켜고 하자.

누군가 널 위하여

누군가 널 위하여
누군가 기도하네

언젠가는 그 말 따라
어디선가 날 위해
기도할 누군가 따라

그 기도 내게 닿지 않아도
누구인지 알지 못해도
자리를 박차고
걸음을 달릴 때가 있었네
내게도 기도하는 누군가 있다는 믿음 따라

바라는 것의 실상이라는
보이지 않는 것의 증거라는
믿음마다 다른 믿음
믿음 믿음마다 믿음 믿음 따라

기다리는 마음

당신을 기다리는 마음엔
언제나 소나기가 내려
당황스런 마음에 처마 밑에 숨어버리고
이제나 오시려나 저제나 오시려나
이따금씩 힐끔힐끔
당신 다니시는 골목을 기웃거립니다

당신을 기다리는 마음엔
금석(金石) 같은 믿음과 도적 같은 의심이
바람처럼 변덕 지게 일어
서둘러서 불을 켜고
금 닦고 돌 닦으며
동틀 하늘만 바라봅니다

의심 같은 도적으로부터
믿음 같은 금석 지키려
밤에도 잠 못 이루는 나의 마음
그대는 아실까요

모르신들 어쩔까요
기다림은 내 마음
나도 어쩔 수 없는 걸요
기다리는 내 마음
이것밖엔 없는 걸요

말 무덤

칫솔모가 남아나질 않는다며
맨 등에 선명한 엄마 손바닥
어라 입에서 피가 난다
우웩 혀를 닦다 토를 한다

언젠가부터 내 양치질은
분노하지 않을 때도 격하였다
치석이나 플라그
99.9% 제거한다는 치약인데도

언젠가부터 내 입에선 가벼운
말들만 살아남는다 그렇게
내 볼은 점점 불룩해지고
말 무덤은 점점 거대해지고
내 마음만 소란스럽다

아차 그래서 그렇게 세게도
양치질을 하나보다

죽어 썩은 지난 말들
각질처럼 벗겨내려고
어쩐지 입에 거품 물더라니
볼만 불룩해지더라니

호적수

탁구를 치고 있었다.
핑, 퐁, 핑, 퐁
오는 맛이 좋으니
가는 맛도 좋았다.

깊게 넣어도 받아치고
짧게 넣어도 받아쳤다
스핀을 넣어봐도 받아치더라
신이 난 마음에
스매싱을 날렸다
받아치지 못했다
아니, 상대가 없어졌다
잘 치고 있더니만
어느 순간 사라졌다
어쩐지 공의 위력이
점차 약해지더니만

힘껏 친 공이 탁구대에 튕겨

땅에 떨어졌다
분명 내가 이겼는데
내가 친 공은
싸우지도 않고
패잔병이 되어
콘크리트 바닥에 나뒹군다
핑핑 홀로 튀기며
퐁퐁 눈물 흘리며

주치의 3

어디가 불편하시죠.
자꾸 눈물이 나요
언제부터죠.
한 보름 되었죠
왜 그럴까요?
선생께 그걸 묻고 싶은데요
유루증입니다.
눈물흘림증이군요
너무 늦게 오셨네요.
가망이 없나요
없다고 보여집니다.
얼마나 살 수 있을까요
죽지는 않을 겁니다.
그럼 뭐가 늦었다는 거죠
시각에 의존한 지가요.
누구나 그렇잖아요
꼭 그런 건 아닙니다.
선생께선 안 그러신가요

저도 그렇습니다만.
선생께서도 유루증을 앓고 계신가요
그렇습니다.
얼마나 남으셨죠
6시간 정도겠네요.
그 후에는요
눈을 감겠지요.
그러면 다 나을까요
그러면 잠을 자겠지요.
그게 무슨 말씀이십니까
눈을 감아보세요.
감았어요
잠이 오시나요.
그렇지는 않은데요
심각하군요.
심각한가요
그래 보입니다.
얼마나 남았나요
다음 진료시간이 되었네요.
얼마 안 남았군요
수고하셨습니다. 좀 주무시죠.
자고 나면 어차피 깨어나잖아요

그래도 좀 쉬어야죠.
잠을 자면 좀 편해질까요
눈은 그럴 겁니다.
어째서죠
눈으로만 보는 건 아니거든요.
그럼 또 뭘로 보죠
수고하셨습니다. 주무세요.

탑

내 가슴 속에
작은 마음들이 모여 쌓은 탑이 있다

내 가슴 속에
작은 마음들이 모여 쌓은 탑에 사는 이가 있다

공든 탑은 무너지지 않는다 배웠는데
때때로 정든 탑이 무너지면
폐허 가운데 허무할 틈도 없이
소라게마냥 옮겨 사는 이가 있다

제아무리 높게 쌓아도
나 혼자의 마음이라서
아무리 많이 쌓아도
돌아오지 않을 마음이라
젖은 땅에 스며드는 눈처럼
무너짐은 너무 빨리 다다른다

내 마음속에 작은 탑들
언젠가 죄다 무너지게 되면
작은 탑에 사는 이는 어찌 될까

주저앉아 울고 불까
온 마음 누빌까
내 가슴 속에

손가락질

내가 아는 어떤 친구는 관종이 되었다.

아무것도 모르던 시절에 만나서 무엇이든 될 수 있을 줄 알았는데

결국엔 관종이 되었다.

다른 관종들이 으레 그렇듯이 관심을 받으면 짐짓 초연한 체 한다.

의도가 담긴 사진을 인터넷에 올리고

궁금하지도 않은 본인의 치부를 드러낸다.

내가 아는 또 다른 친구는 백수가 되었다.

열심히 일하던 시절에 만나서 어느 때나 일하고 있었는데 결국엔 백수가 되었다.

불로소득이야 모두의 꿈이지만, 소득도 없으면서 하릴없이 놀고만 있다.

일하기 싫다면서 그냥저냥 놀고 있다.

내가 아는 동생은 힙스터가 되었다.

세상만사 다 아니라고만 하고 다닌다.

어떤 형은 보수가, 어떤 누나는 진보가 되었고
나는 아직 보이는 것만 믿으며
내 목소리만 듣고

손을 뻗는다. 손가락을 편다. 손가락질.
내가 겨눈 검지가 닿는 것은
부끄러움이고 내 검지는 떳떳하나,
중지 약지 새끼 내게 닿는
손가락질. 손가락질.

피아노

 너의 집에서 나는 변기 커버를 올렸다. 양치질하고 하면 그렇게 상쾌할 수 없다고. 동해, 물과 백두산이 마르고 닳듯이 침이 바싹 마르고 인내는 닳고 닳아서 쓰디써서 열매로 입을 가셔야지 열매는 달 테니 나는 1도로 너는 3도로 경쟁하듯 쌓는 화음 벽에 쿵쾅쿵쾅 옆집 사내 주먹 쥐고 쿵쿵쾅쾅 그러면 삐걱삐걱 침대가 대답한다 포르티시시모 포르티시모 포르테 메조 포르테 숨여림은 거세고 뭐가 그리 바쁘다고 달음질은 가쁘고 이윽고 정상에 서서 심호흡 한 번 야호 하는 괴성 한, 번. 포르티, 시시모.

 뒤의 즐거움 뒤로하고 물풍선을 분다. 올려진 변기 커버를 바라보다 물풍선을 내린다. 나의 흔적을 남기고 나의 흔적을 없앤다.

왜냐하면

 사랑은 같은 곳을 바라보는 거라지요. 이제야 사랑을 합니다. 왜냐하면, 이제 우리 시선은 마주하지 않거든요. 몸과 마음은 따로 놉니다. 왜냐하면, 마음은 돌리라 하기 때문입니다. 왜냐하면, 몸은 돌릴 수 없다 하기 때문입니다. 우리는 함께 있지 않지만, 아직 이별은 아닙니다. 왜냐하면, 아직 그리운 까닭입니다. 왜냐하면, 그대 뒤통수에 눈이 없기 때문입니다. 그래서 나를 볼 수 없기 때문입니다.
 왜냐하면은 외면할 수 없는 까닭입니다.

고드름 2

걱정, 근심 나를 잡아끈다.
한숨은 언제나 밑을 향한다.
담배 연기는 가급적 위로 뿜으려 하지만,
재는 항상 밑으로 떨어진다.

누군가 담배 연기를 보이는 한숨이랬나?
웃기지도 않는 소리.

고개를 들어 연기를 뿜는다.
재떨이에 침을 뱉는다.
담배를 피우며 여러 번 침을 뱉고 나니
제법 그럴듯하다.
밑으로 떨어지는 재, 침, 한, 숨.

누군가 고민이 많아 담배를 핀다 했나?
웃기지도 않는 소리.

그럼 연기 밑으로 숨는 건 뭔데.

밑으로 떨어지는 것들, 이건 다 뭔데.
밑으로만 자라는 고드름, 그래서 이건 뭔데.

카키색 바지

내가 즐겨 입는
멋지고 편하기까지 한
카키색 바지가 있다

유일한 단점이라면
주머니가 낮다는 것
낮은 주머니 속엔
별의별 것들이 다
들어갔다 나온다

어딘가 앉기만 하면
주머니는 언제나
멀미에 시달려 제 속에 담은 것
게워내기 바빴다
그래서 나는
택시에서도 책상에서도
여기 왔다 감
낙서처럼 흘리고 다닌다

라이터도 흘리고 동전도 흘리고

어느 날 누군가 물었다
당신은 무슨 색인가요
나도 모르게 카키색이요
답했다 나도 몰라요

군밤

그 시절
지갑에 반드시 현금을 쟁여놓던 그 시절
군밤 파는 상인을 지나치지 못해
공원의 뻥튀기, 비둘기처럼 구구구구
군밤군밤하던 시절

나보다 군밤이 더 좋다길래
마지막 이름에 걸친 팔을 밖으로 빼냈다
서현밤 서현밤
그래도 현밤보단 군밤이지
하던 입으로 구운 밤을 집어넣는다

뜨겁게 구운 밤들이 흰 종이 안에 옹기종기
그들처럼 옹기종기 하얗게 지새던 밤들
그 밤들도 한때 뜨거웠는데
금세 식어버린 군밤처럼 껍질만 단단히 남은 밤들
낮보다 아름답던 백야의 날들
빛보다 밝던 눈 쌓인 밤, 거리

밤, 구운 밤

인사

이제 들어오니?
안색이 안 좋구나.

네 탓이든 남 탓이든
일단 털어버리고
씻고 누워라.

네 탓이든 남 탓이든
네 뜻대로 되는 일이
세상엔 아무것도 없잖니.
그렇게 고민해도
해결될 일이 아니라면
일단은 자거라.

씻고 누워도 잠은 안 오겠지만
잠들고 나도 변함없겠지만
일단은 그러거라.

수고 많았다.
오늘은 이만 들어가거라.
부디 편히 쉬거라.

4

돛단배

내 안에 수로를 따라
유영하는 돛단배

상류부터 하류까지
하루에도 수십 번
손가락부터 발가락까지
어디 하나 빠짐없이
자적하는 돛단배

사공이시여
당신도 사납금을 내시나요

이름

내가 빚을 진 이름들이 있다.
이름 석 자만 지고 나서
아들을 지고 별명을 지고 친구를 지고
살다 보니 갚은 건 없고 이름 지게만 된다.
마침내
내가 가진 이름 어느 하나도 온전히 책임지지 못하는
이처럼 무책임한 내 이름.
내가 가진 이름 헤아리는 밤이면 손마디가 모두 저릿하다.

조감도

처방전

담당의: 주치의
환자: 사힘자
병명: 사힘병
처방 내용: 상담 후 약물 처방
상담 내용:

사는 게 힘드시다구요?
박제되어 버린 새를 아시오?
파란 새요. 아니 사실 새는 흰색인데 다들 파랗게 알고 있죠.
날개가 있어 훨훨 날던 때가 있었지요. 지금은 익명과 모방과 비난에 박제되어 버렸지만요.

다시 날기 위해 매춘을 했지요. 아니 했는지는 몰라요. 다들 그렇게 생각은 하고 있지만요. 언젠가 빌딩 위에 선 모습을 봤어요. 뭐라 뭐라 중얼대던 거 같은데.

날자날자한번만더날아보자꾸나 였던가요.

사는게 힘드시다구요? 기도는 해보셨나요?

닿질 않는다구요? 메일은 보내셨나요? 읽지 않아요? 물론이죠. 하나님은 메일주소가 없어요. 사실 그건 다 모방이죠. 전화는 해보셨나요? 안 받는다구요? 당연하죠. 왠 줄 알죠?

그럼 방문해야죠. 내담자께서 제게 오신 것처럼.

그럼 날아야죠. 날개를 달아야죠. 하늘은 괴롭지 않을 거예요. 길이 없거든요. 길이 없으면 막다름도 없죠. 그러면 고민도 없겠죠. 어디로 가든 어디로든 통하니까요.

그래서 날아야 해요. 미로는 위에서 봐야 통하거든요. 그래서 날아야 해요. 하나님도 위에서 보시거든요. 위에서 봐야 보기에 좋았더라 하거든요.

저요? 저는 사는 게 즐거워요. 나는 유쾌하거든요. 좀 멀리 떨어지세요. 멀리서 봐야 즐겁거든요. 이런 때야 연애까지가 유쾌하거든요. 그러니 우리
납시다. 날아보십시다.

애증

아마도 평생을 당신의 그늘에서 벗어날 수 없겠지만
어쩌면 아직도 당신 손바닥 안에만 머물겠지만
그래서 여태껏 당신을 이해하려 부단히 노력했지만
이제 더는 당신을 이해하려 애쓰지 않을래요

사랑하고도 증오하는 그대여
모순 형용이겠지만
당신을 향한 내 마음이
이리도 모순인 걸 어쩌겠어요

애증 하는 그대여
더는 당신에게 애쓰지 않을래요
애증에서 애를 쓰지 않으면
남는 건 그저 증오뿐이겠지만
아무려면 어떨까요 이제는 상관하지 않을래요
더는 애쓰지 않을 테니까요

두뇌는 하필

두뇌는 하필 주름져서
일단 머릿속에 들고나면
빠져나올 길이 없네
답답한 미로 속, 출구를 찾아
이리저리 왔다 갔다
그래서 내 고민 쉽사리 풀리지 않나 봐

생각은 꼬리를 물고
일단 길 한번 잘 못 들면
뒤따르던 생각들
죄다 왔던 길을 돌아가고
온 머리를 헤집고 다녀도
미로 같은 주름에 갇혀
어디로 갈지 모르겠고
결국 출구도 못 찾고
그래서 했던 생각만 또 하고
아무것도 결정 못 하고
그래서 우유부단하고

하필 뇌가 주름져서
하필 또 미로 같아서
그래서 여태 발만 구르고

냉장고

소중한 것은 모두 냉장고에 넣어둔다.
냉장고엔 코끼리도, 사자도 암수 한 놈씩.
가족도, 애인도 빠뜨리지 않았다.
언젠가는 냉장고가 소란스러 문을 여니
냉장고엔 변절자만 한가득.
변절자를 처단하라.
소란을 잠재우려 변절한 우유를 개수대에 붓는다.
꾸덕꾸덕 꾸덕꾸덕 괄괄 괄괄

니체에게

 장래 희망은 과학자에서 프로게이머로, 잠시 대통령이었다가 이내 작곡가로 진화하였다. 그 이후로 몇 번의 변태를 더 거쳤지만, 대중음악 평론가를 끝으로 자취를 감췄다. 그럼에도 불구하고, 입국신고서 직업란에 시인이라 적었다. 변화무쌍했던 내 장래 희망의 역사 속에서 시인은 한 번도 자리하지 않았다. 나는 시인이 되고 싶지 않았다.

 직업이 시인이 되기까지의 과정이야 물론 있지만, 정리하자면 살다 보니. 이것저것 하며 살다 보니 어쩌다가 그냥 그렇게 시인이 되었다.

 원하지 않은 삶을 사는 건 아니지만, 지금보다도 더 잘 살고 싶다. 나도 성공하고 싶어. 라는 말에 누군가는 그렇게 보이지 않는다 말했다. 성공하고 싶지 않은 사람이야 어디 있겠냐마는, 사실 내가 바라는 성공은 어쩌면 다른 사람들의 것보다 비루할지 모르겠다.

 처음으로 시의 아름다움을 느끼게 해준 참고서의 그 시처럼, 시인처럼 쓰며 살고 싶지만, 내 능력은 그에 한참 미치지 못하고, 노력은 의지의 도움 없이 설 수 없다.

시인을 장래 희망이라 부르지 않는다. 장래 희망은 평론가에 멈춰있고, 시인은 이미 취한 이름이기도 하니까. 그저 매일 쓰는 삶을 살고 싶다. 그저라고 말하기엔 다소 거창하지만, 매일 쓸만한 능력과 그를 위한 노력, 의지. 그를 위한 시간과, 그렇게 살 수 있는 환경. 소비생활을 마음껏 즐기지 못해도, 그래서 연말정산에 세금 폭탄을 맞는데도, 하루에 두 끼쯤 굶는데도, 그런 삶을 살고 싶다. 그렇게 되고 싶다. 이런 성공이 다른 사람의 것보다 비루할지라도, 그들의 것만큼 동떨어져 있다. 그래서 바라고 바란다는 뜻이 되었다. 희망이 되었다.

희망은 곧 고문이 되었고, 고문은 괴로움이 되었다. 괴로움에 대처하는 최선은 망각이라 나는 복 받은 이가 되었다. 내 스승이 말한 이가 되었다. 망각하는 자는 복이 있나니, 자신이 실수조차 잊기 때문이라.

네 잎 클로버

이름만으로도 가슴 설레던 날이 있었다.
모습이 아른거려 보지 않아도 보고 있는 것만 같던 날들.
무심결에 보면 보일까, 자세히 보아야 보일까.
자세히도 뜯어보고 무심히 훑겨도 보고
이러나저러나 마주하지 못한 네 기형도.
나는 한 번도 너를 마주한 적 없다. 네 잎 클로버야.
언제쯤이면 우리 만날 날 올까. 네 잎 클로버.
책 틈에 곱게 말려 시를 새겨줄게. 네 잎 클로버야.

5층

 엘리베이터를 탄 적이 있습니다. 6층을 가려는데 그만 5층을 눌러버렸습니다. 당황한 마음에 5층을 한 번 더 눌렀지만, 불은 꺼지지 않았습니다. 5층에 멈춰 선 엘리베이터의 문이 닫히고 다시 출발하는 몇 초간 마음이 불안했습니다. 불안한 마음과는 달리 엘리베이터는 매우 편안했습니다. 이후로 엘리베이터를 탈 때면 자꾸 5층에 눈이 가더군요. 너도 그럴까요. 내릴 생각 없었지만 눌러버린 5층과 같을까요. 드나드는 이 없이 공연히 열고 닫힌 저 문과 같을까요. 불이 꺼져도 자꾸 눈이 가는 5층과 같을까요. 초조한 마음은 불 꺼진 복도 같았을까요.

아낌없이 나를 사랑하던 것들은 모두 날 떠났다

 아낌없이 나를 사랑하던 것들은 모두 날 떠났다. 내게 남은 것들이 나를 사랑하지 않는다는 뜻은 아니다. 남은 것들도 나를 그렇게 사랑할지도 모르겠다. 그러나 곁에 있을 때는 알 수 없는 것들이 있다. 떠나보낸 후에야 알게 되는 것들도 있다는 말이다. 아낌없이 나를 사랑하던 것들이 떠나고 나서야 나는 그것들이 그토록 나를 사랑해 주었다는 것을 알았다. 후회한다는 뜻은 아니다. 나로서도 최선을 다했으니. 떠나고 나서야 비로소 알게 되는 것들이니 떠나지 않았다면 여태 알지 못했을 것이다. 나로서는 할 수 있는 게 없다. 그저 최선을 다할 뿐. 어떠한 것을 붙잡아 두기에 나의 최선이 충분치 않더라도, 그것이 최선이니 나는 더 할 게 없다. 그저 최선을 다할 뿐. 그래도 떠난다면 그제야 깨달은 것을 곱씹어 써낼 뿐. 나를 떠난 것들이 그토록 나를 사랑했다고. 이제야 알았다고. 그렇지만, 할 수 있는 건 없다고. 그것들을 비난하고 싶지도 않다. 늦게나마 편지 한 통 붙일 뿐. 답장을 기대하지 않을 뿐.

어쩔 수 없었다는 것을 압니다. 아무쪼록, 그저 어떻게든 행복하시길.

그리움

그리움의 본질은 부재에 있다.
그러니까 본질적으로
부재하지 않으면 그리움도 없다.

그리움만큼 애틋한 감정이 또 있을까
싶을 정도로 그리움은
깊고 진하지만, 끝은 항상 허무하다.
부재에서 오는 그리움은 결국,
결코 채울 수 없는 밑 빠진 독 같으니까.

밑이 빠져서
아무리 내 마음
가득 부어봤자
줄줄줄 새어나간다. 그래서

아무도 내가 그리워하는지 모르고
나는 아무도 그리워하지 않는 듯이. 그래서

사무치는 그리움에도 잘 살아갈 수 있다.
금방 새어버려서 숨 쉴 만할 테니까.
여태껏 그 부재에도 살아갈 만했으니까.
살고 있었으니까.

편두통

일정하지 않은 주기로
편두통에 자주 시달려
그러면 나는 꼼짝을 못 해
주머니 속엔 진통제가

머리가 아픈 원인은 무얼까
내 머릿속에 무어가 들었나
큰 병이 있는 건 아닐까
언젠가 모든 것을 잊을까

사실 나는 천재가 아닐까
언젠가 엄청난 일을 해낼까
머리가 아프지만
역시 천재라 그럴까
음흉스레 웃는다

언젠가 모든 것을 잊을까
내 말도 잊고 내 단어도 잊고

내 사랑도 잊을까
그러고선 엄청난 일을 해낼까

쓸데없는 생각일랑 그만하고
진통제나 먹자
나의 천재성을 잠재우고
나의 사랑을 기억하자
고통을 죽이고
잠이나 자자

다락방

흙벽 기와집 다섯 평 단칸방
안에 작은 문 나 있다. 문 열면
벽지 바른 좁은 층계 몇 개.
철 입으며 색 바래고
기어코 마찰계수 0을 갖은.

문조차 바닥과 멀어서
오르기 전에 먼저 올라야 하는 층계.
천장이 낮아 본래 발이 네 개인 양
미끄러지며 기어오르면
끝내는 다락방에 다다른다.
어둡고 꿉꿉한 다락방.

다락방에 오르면 온갖 잡동사니와 함께
원주민인 양 행세하는 쥐들을 만날 수 있다.
흙 속에 나무 지지대를 갉아 먹고
밤낮으로 돌아다니며 발소리를 내는 원주민.

그러면 나는 평온하고 어두운
그들의 꿉꿉함을 깨뜨리는 침략자가 된다.
너희를 개화시키러 온 것이다.
우선 교회를 짓고 학교를 지어야겠다.
너희는 신을 알고, 문명을 받아들여라.
쥐들은 대답 대신
찍찍찍찍
오줌이나 싼다.
찍찍찍

어차피 피뢰침은 맨 위에

피뢰침은 참 뻔뻔하게도
낙뢰를 받아내는 주제에
피(避)를 이름으로 취하는구나.

아차 피뢰침은 뻔뻔한 게 아니구나.
피뢰침의 이름은
자신의 이름이 아니고
우리의 이름이구나.

피뢰침은 피뢰(避雷)하지 않는구나
우리로 피뢰하게 하는구나
아아 피뢰침은 참 다정하구나

어차피 맨 위에는 피뢰침 있는데
맨 아래 우리는 피할 것도 없으면서
땅만 보고 걷는구나
아아 우리는 참 뻔뻔하구나

흙벽의 기와집

굽이치는 골목을 지나
나무 대문을 열고 들어서면
통로 첫 번째 집이 우리 집이다.

아궁이 딸린 부엌을 지나
창호지에 풀 발라 붙인 미닫이문을 열면
다섯 평 단칸방이 우리 방이다.

흙벽의 기와집
어둔 방의 야광별처럼
천장엔 쥐 오줌이 얼룩지고
바람 불 때 풍경처럼
쥐 소리 내달린다.

다시 골목을 지나면
푸세식 화장실.
누나는 화장실이 무서워
마당에 놓인 요강에 볼일을 본다.

연탄이 허옇게 떠서
나는 함부로 연탄 깨고 번개탄과 논다.

방 안에 여덟 다리 나란히 누우면
그렇게 잠이 잘 올 수가.

지금은 방도 여럿에
서양식 화장실은 불도 잘 들어와
요강은 버린 지 오래고, 요 위에 두 다리 쭉 편다.

약도 없이 날이 밝으면
시멘벽 냉기에 기대 눕는다.
내게 남은 건 이 곰팡내뿐이라서
어깨동무하고 잔다.

누룩

멋진 술을 빚고 싶었다.
누룩을 잘 띄어야만 멋져질 수 있는데
누룩만으론 멋져질 수 없었다.

우리 마음 서로 발효되어
적당히 달고 적당히 쓰길 바랐다.

어느 날은 곰팡이가 일었다.
그게 꼴 보기 싫어 모두 걷어냈다.
깨끗하고 싶었다. 다투지도 않고 성내지도 않고
좀 덜 솔직하더라도
좀 더 깔끔하고 싶었다.

덜 솔직하여서, 너무 깔끔하여서
충분히 따듯하게 데우지 못한 마음엔
남은 말과 마음이 뜨지 못하고 가라앉았다.

그저 기다리면 되리라.

시간이 누룩을 띄우고 술을 빚으리라.
우리 서로 불안함을 표하지 않고
시계만 바라보자. 달력만 바라보자.

발효에는 성공했다.
다만 악취가 날 뿐.
썩어지고 썩어졌다.
쓴맛만 남을 뿐.

우리에게 발효이던 것을
사람들은 부패라 불렀다.

누룩 띄운 줄 알았는데
찌꺼기만 가라앉았다.

시집 발톱 계란

 잠이 들지 않는 새벽 아끼는 시집을 한 권 편다. 사락 사락 책장을 넘기는 소리, 바스락바스락 발가락을 꿈틀대는 소리가 방을 울린다. 시는 여러 번 읽어야 한다고 떠들던 이는 쓰윽쓰윽 빠르게 글자를 훑는다. 수면유도제를 한 알 먹고서는 잠이 들기를 기다리는 새벽. 배고픔을 이기지 못해 계란을 세 알 삶는다. 또각또각 발톱을 깎다가 보글보글 물 끓는 소리에 귀를 기울인다. 계란은 냄비 벽을 치며 단단하던 자신을 깨고 있다. 따닥따닥 따닥따닥 끓는 물에 계란은 냄비를 위아래로, 양옆으로 오가며 조금씩 부서진다. 본체에서 떨어져 나간 작은 껍질들이 침전물처럼 냄비 아래로 가라앉는다. TV 뉴스에선 어느 정치인의 죽음이 화젯거리이다. 하나의 죽음을 둘러싼 치열한 공방. 나도 누군가가 죽었으면 좋겠다고 생각한 적이 있더랬다. 그 사람이 죽으면 나는 기쁠까. 눈을 질끈 감는다. 소금을 너무 많이 찍었다. 바싹 깎은 발톱이 따끔거렸다.

생애 첫 독자에게

언제나 제일 처음이었던 그대여.
복사기처럼 책으로 엮어질 것들을 읽어대던
휴지통에 버려질 것들을 읽어 재끼던 파쇄기여.
이제는 들어서지 못할 지난 골목이여.
다 지난 과거형 어미여. 과거 완료여. had+pp여.
그대에게 나는 여전하겠지만,
다행히도 시간은 흐르고, 사람도 어련하니
영원히 평행할 직선이여. 알파여. 되지 못한 오메가여.
가파른 능선에 우리 있었지만,
숨 한 번 들이키니 개활지에 놓여있네요.
숱하게 불러도
답 없을 메아리여. 종이비행기여.
삼각지는 이제 돌지 않아요. 당신도 이제 읽지 않겠지요.

유통기한을 늘리기

마음에 꽃이 폈다

소금으로 젓갈 담가
설탕 넣고 청을 담가
짭짤 달곰한 맘이면
유통기한이 길어질까

네모난 방부제 포를 뜯어
온몸에 흩뿌렸다
알알이 매만지며
비나이다

비나이다 비나이다
상치 않게 하소서
비나이다 비나이다
변치 않게 하소서

감상(鑑賞)

이광호 (편집가)

음향과 침묵

1.

처음 시인 서현범을 만난 건, 그가 독립출판으로 발행한 시집 〈시국선언: 시국에서 시를 쓰며 산다는 것, 그리고 그 시국〉이었다. 그곳에서 시인은 참을 수 없는 사람이었고 참을 수 없음에 삐딱해져 있었다. 너무 착하게만 보이려고 안간힘을 쓰는, 너무 훌륭하게 보이려고 안간힘을 쓰는 사람들 속에서. 가수 강산에의 〈삐따기〉처럼. 나는 시인 서현범의 그 삐딱함에 홀딱 반했다.

시인은 삐딱하게(삐딱해서) 사회를 참 잘 꼬집었다. 그의 꼬집기 실력에 나는 이토록 시원하면서 얼얼했는데 그 이유는 나 대신 사회를 꼬집어 주어서도 아니었고 시인을 통해 알아챈 우글거리는 인간사의 민낯 때문도 아니었다.

시인 서현범이 옮겨 놓은 세상에서 느낀 '음향과 분노*'때문이었다. 정해진 대상 없이 웅웅- 거리는 세상의 소리에 분노한 사람들, 그들에 대한 시인의 분노, 하지만 시인의 분노 또한 의미 없는 음향에 대한 분노. 시인도, 나도 관통하는 동시에 당하는 입장. 그래서 시원하고 동시에 얼얼한.

2.

시인 서현범에게 시집 출판을 제안하면서 내심 전작과 닮은 시들을 기대했다. 시원하면서도 얼얼한 꼬집기의 시. 하지만 시인이 내게 건넨 시들은 이전의 서현범과 많이 달라 있었다. 이전의 서현범은 꼬집기를 위해 분노의 집게손을 하고 있었다면, 지금의 서현범은 차분히 팔짱을 끼고 있다는 것. 씩씩하게 잠근 얼굴로. 아. 물론, 시인답게 삐딱하게.

천천히 그가 보내준 시들을 읽었다.

---

*
뚜렷한 음성이 아닌 진실을 알 수 없는 사회 또는 대중의 의미 없는 음향들과 그 음향으로 인해 오해가 생겨 나타나는 실체 없는 분노들 셰익스피어의 <멕베스>5막 5장에 나오는 유명한 독백에 나오는 대사이자 W.포크너의 장편소설의 제목.

약도 없이 날이 밝으면
시멘벽 냉기에 기대 눕는다.
내게 남은 건 이 곰팡내뿐이라서
어깨동무하고 잔다.
―「흙벽의 기와집」 부분

   시인은 이제 시멘벽에 기대 눕고 어찌됐든 무엇들과 어깨동무를 하고 잔다. 더 이상 그가 음향에 날선 분노를 하지 않는 것은 대상도, 의미도 없이 떠도는 음향에 일일이 분노하는 것 또한 의미 없다는 것을 말하는 것처럼 느껴진다. '곰팡내와 어깨동무를 하다니, 어쩌면 지난 분노의 대상들과 타협한 것인가?'라는 생각이 들기도 하지만,

소란을 잠재우려 변절한 우유를 개수대에 붓는다.
꾸덕꾸덕 꾸덕꾸덕 콸콸 콸콸
―「냉장고」 부분

어차피 맨 위에는 피뢰침 있는데
맨 아래 우리는 피할 것도 없으면서
땅만 보고 걷는구나
아아 우리는 참 뻔뻔하구나
―「어차피 피뢰침은 맨 위에」 부분

그의 시어에서 보이는 부끄러움의 자각은 시인이 더욱 처절하고 가엾은 저항 중에 있다는 것을 암시했다. 시인은 더 이상 예전과 같이 분노하지 않고 스스로를 변절했다 말하며 괴로움으로 비겁한 자신을 고백한다. 그의 고백 속에서 나는 '여전히 수많은 음향들이 시인의 귓가를 맴돌며 고문하고 있구나'를 짐작한다. 하지만, 이제는 '의미 없는 분노들에 침묵하면서 고문을 버텨내듯 치열하게 생존하고자 하는구나' 하는 시인의 강력한 의지를 느낀다.

3.
다시. 증보판을 위하여 시인은 열 편의 시를 보내주었다.

묻고 싶은 말이 있었는데, 무슨 말로 시작해야 할지 막막해서 무덤을 팠다 묻었다 그냥 내가 들어가 누웠어. 그것까진 좋았는데, 궁금해하는 사람이 없어서 아무도 묻어주지 않았어. 눈앞에 밤하늘이 떠 있어. 하나둘 저 별을 세다 보면 잠들겠지. 그런데 서울 밤하늘은 별이 너무 없어 나는 잠들지도 못하고 있어.
―「묘지」 부분

시인은 여전히 어떻게든 침묵으로 생존하고 있다.

그리고 침묵으로 인해 따르는 고됨을 고백한다. 침묵이 낳은 고됨은 시인의 삶을 파고들고 시인은 몇 번씩 물어보고 싶지만, 묻어버리고 싶고 다시 묻고 싶다.

> 육쪽마늘 반 접 사다가 대야에 풀어놓고
> 웅크리고 앉아 작은 칼을 쥔다
> 미련 후회 추억 고통
> 불안 그리움
> 육쪽의 알맹이 죄다 벗겨진
> 빈 줄기만 버려진다
> 눈을 감는다
> 자줏빛 동그란 꽃을 그린다
> ―「마늘」

하지만 시인은 벗기면 빈 줄기만 되어버리는 언어를 꺼내거나 집어넣거나 하는 갈등 대신 그래왔던 것처럼, 눈을 감기로 한다. 눈을 감으면 꽃이 있어서. 서울 밤하늘엔 별이 하나도 없는데 말이다. 시인이 그린 꽃. 그 꽃은 시일까.

> 가난을 물려주기 싫다는 우리 엄마는 가난을 물려주기 싫다는 말만 물려주었다. 나는 과연 내 새끼에게 무엇을 물려주게 될 것인가. 그 말조차 물려주지 못할까 그게 겁날 뿐이다.

―「가난」 부분

 어떤 희망은 시인 서현범에 의해 이렇게 쓰이기도 한다. '무엇을 물려주게 될 것인가.'라는 구절은 앞으로 다가올 미래의 물음으로, 이 개방된 물음에 대한 대답을 하기 위해서 시인은 이미 미래로 나아가 있다.
 또, '그 말조차 물려주지 못할까 그게 겁날 뿐이다.'라는 구절은 더 악화된 상황으로부터의 간절함으로 그 어떤 선언이나 다짐보다 강력하게 나아지고자 하는 결의의 의례와 같다.

 소금으로 젓갈 담가
 설탕 넣고 청을 담가
 짭짤 달곰한 맘이면
 유통기한이 길어질까

 네모난 방부제 포를 뜯어
 온몸에 흩뿌렸다
 알알이 매만지며
 비나이다
―「유통기한을 늘리기」 부분

 시인은 침묵 속에서도 생존하고자 행동한다. 젓갈을 담가, 청을 담가, 포를 뜯어서. 어쩌면 시인의 모든 행

동은 일종의 기도일지도 모르겠다. 여전히 시인을 괴롭히는 수많은 음향들로부터의 자신을 지키기 위한, 자신 생의 유통기한을 늘리기 위한.

4.
시인은 단 열 편의 시를 추가함으로 《마음의 서술어》를 또 다른 차원의 시집으로 도약시킨다. 이전 판의 《마음의 서술어》는 의미 없는 음향에 침묵하면서 버텨내는 시인의 강력한 의지였다면, 새로운 《마음의 서술어》는 의미 없는 분노에 침묵하면서 버텨내는 삶을 버티는 시인의 음성이다.

이토록 당신의 속을 긁어내 멋진 시를 써 준 시인 서현범이 참 고맙다. 부디 계속 젓갈을 담가, 청을 담가, 알알이 매만지며 건강하길 바란다.

아. 물론, 시인답게 삐딱하게.

서현범

Seo Hyunbum

1990년, 서울 이태원2동 출생.
독립출판 「여기부터」로 데뷔.

글 써서 밥 벌어 먹기를 희망한다.

서현범 독립작품 활동

▼ 독립출판

시국선언 : 시국에서 시를 쓰며 산다는 것, 그리고 그 시국 (2016)

어쩔 수 없다고 말하지만 어쩔 수 없다면 말하지 마 (2017)

BYEOL BIT DEUL

별빛들은 기존의 방식과 형식으로부터 자유로우며 독립적으로 활동하는 문학 작가들과 협업, 그들의 작품을 대중들에게 소개하는 문학 출판사입니다.

별빛들은 독립적으로 문학활동하는 작가와의 협업을 통해 '문학'과 '출판'과의 관계를 유연하게 만들고 엄격한 기준과 검열의 과정 없이도 탄생되고 있는 작가의 예술적 가치를 소개하여 문학의 다양화, 출판의 민주화를 유발하려 합니다. 나아가 다양한 영역에서 독립된 자아실현이 이루어지는 우리 사회를 응원합니다.

별빛들 작가선

01	이광호	숲 광장 사막
02	이학준	그 시절 나는 강물이었다
03	김고요	나의 외로움을 궁금해하지 않는 사람들에게
04	서현범	마음의 서술어
05	엄지용	나란한 얼굴
06	김경현	이런 말이 얼마나 위로가 될지는 모르겠지만
07	박혜숙	잔잔하게 흘러가는 동안에도
08	오수영	깨지기 쉬운 마음을 위해서
09	최유수	너는 불투명한 문
10	정다정	이름들
11	황수영	여름 빛 아래
12	최세운	혼자였던 저녁과 저녁의 이름
13	김은비	사랑 이후의 사랑
14	정선엽	해변의 모래알 같이
15	박지현	산책의 곁

마음의 서술어

초판 1쇄 발행	2018년 8월 7일, 입추(立秋)
개정판 1쇄 발행	2025년 6월 18일

지은이	서현범
편집 · 디자인	이광호

펴낸곳	별빛들
출판등록	2016년 8월 10일 제 2016-000022호
전자우편	byeolbitdeul@naver.com
홈페이지	www.byeolbitdeul.com

ISBN 979-11-89885-44-1

- 이 책의 판권은 지은이와의 계약으로 별빛들에 있습니다.
- 저작권법에 의해 보호를 받는 저작물이므로 무단 복제와 전재를 금합니다.
- 잘못 인쇄된 책은 구입처에서 바꾸어 드립니다.
- 책값은 뒤표지에 있습니다.